# EL ORÁCULO
# DE LOS ÁNGELES

GRACIELA IRIONDO

*Stellarius*

# EL ORÁCULO
# DE LOS ÁNGELES

**kier**

*Libros desde 1907*

Iriondo, Graciela
  El Oráculo de los Ángeles.- 2ª ed. 2ª reimp.- Ciudad  Autónoma de Buenos Aires: Kier, 2019
  224 p.; 23 x 16 cm.

  ISBN 978-950-17-0569-0

  1. Espiritualidad. I. Titulo.
  CDD 291.4

*Ilustración de los Ángeles: Fedhar*

LIBRO DE EDICION ARGENTINA
ISBN 978-950-17-0569-0
Queda hecho el depósito que marca la ley N° 11.723
© 2019 Editorial Kier S.A.
Av. Santa Fe 1260 (C1059ABT)
Ciudad Autónoma de Buenos Aires, Argentina.
Tel: (54-11) 4811-0507
http://www.editorialkier.com.ar – E-mail: info@kier.com.ar

Impreso en Argentina
Printed in Argentina

## Dedicatoria:

*Dedico especialmente "El Oráculo de los Ángeles" a mi madre Pepita Echaide y a mi padre Remigio Iriondo, que me iniciaron en el camino espiritual de la vida práctica. Fueron un matrimonio espléndido y ejemplar.*

*Y lo dedico también al Padre Pablo Roberto Tissera, sacerdote jesuita, a quien conocí en Olivos en el año 1966. Agradezco infinitamente al Padre Tissera que me escuchó en el inicio de este libro, y leyó algunos de mis escritos, aún yo sin saber que estaba escribiendo un libro. El mismo fue publicado luego de su fallecimiento, en 1997.*

## Agradecimientos

*a mi Ángel de la Guarda y a todos los Ángeles que me guiaron
en los pasos necesarios para hacer posible este libro, a todos los
Maestros que iluminan mi camino,*
*a mis hijos, Juan Bautista y Josefina Iriberri Iriondo, porque
dieron luz a mi esperanza,*
*a la gente de la Editorial Kier, que año a año renueva la esperanza
en el crecimiento espiritual de la humanidad,*
*y a todos los que, de un modo u otro, hacen posible que los ángeles
sean recordados y apreciados.*

## Reconocimiento especial a

*Lic. Nora Spinetto, Lic. Mabel Allerand, Dra. Mechthild Scheffer,
Lic. Diana Rosemberg, Rhea Powers, Semira Brückner D. Noemí Contreras
(Escuela Virginia Satir), D. Elisabeth Kübler Ross, Jorge Magri (Reiki
Master), D. Jessica Bear, Claudia Trabucco (Astróloga), Foster Perry
(Maestro Espiritual) y Paulo Coelho.*

*Quiero agradecer a todas estas personas por haber afectado po-
sitivamente mi vida, con sus enseñanzas, a través del enriquecedor contacto
directo.*

Hay algo sin forma, aunque completo,
que existe antes que el cielo y la tierra.
¡Qué apacible! ¡Qué vacío!
No depende de nada, no cambia,
lo impregna todo, es infalible.
Uno puede considerarlo como la madre de todas
las cosas que existen bajo el cielo.
No conozco su nombre;
pero le llamo "Significado".
Si tuviera que darle un nombre,
le llamaría "El Grande".

**Lao-Tse**
Cap. XXV del Tao-Te king

## Mensaje de un Ángel

*Todo lo que hagas por Amor,*
*todo lo podrás hacer.*
*Las puertas se abrirán,*
*los caminos se facilitarán.*
*Protegemos todo lo que se*
*hace por Amor.*
*Amor es el Dar Incondicional,*
*deseando el bien*
*a los demás,*
*a la comunidad, a la Humanidad toda,*
*a todas las formas de vida existentes,*
*visibles e invisibles.*
*"Ama y haz lo que quieras". (San Agustín)*
*Ámense y amen.*

*AMÉN*

*Stellarius*

# Prólogo

Corría el año 1991 cuando fui llamada por los ángeles, de una manera muy sutil. Los ángeles comenzaron a aparecer —espontánea y repentinamente— en mis pensamientos. Los ángeles interceptaban mi mente. Atraían mi atención hacia ellos. Al principio no le di demasiada importancia, y traté de hacer como si nada pasara. Pero esto se volvió persistente, los ángeles insistían, seguían golpeando las puertas de mi mente. Aparecían permanentemente en mis pensamientos. Nunca antes me había ocurrido algo así. ¿Qué significaba todo esto?

Ahora me doy cuenta de que los ángeles estaban intentando —o iniciando— un contacto telepático conmigo. Pero en ese tiempo no se me ocurrió pensar en ello. De todos modos, no pude ignorar que algo nuevo me estaba sucediendo. Algo muy fuerte activaba mi vida, induciéndome a tomar otra dirección.

Nunca antes había pensado en ángeles. ¿Qué estaba sucediendo ahora? Comencé a hacerme muchas preguntas. ¿Quiénes eran esos seres alados de los que todos sabemos algo, sin saber nada en realidad? ¿Cuál era su historia? ¿Cuál era el significado de su existencia? ¿Cuál era su misión, su mensaje?

Fui movilizada internamente a tal punto que, en el momento menos esperado, surgían en mi mente preguntas que se establecían allí dejando un signo de interrogación. *¿Existe realmente un Reino de Ángeles? ¿Cómo es? ¿Cuál es su propósito? ¿Cómo era este planeta en sus principios, cuando recién fue creado? ¿Qué papel jugaron los ángeles en ese momento? ¿Quiénes somos nosotros realmente? ¿Hay algo que hemos olvidado y que debemos recordar ahora?*

Mi memoria me trajo historias acerca de los ángeles que mi abuela me contaba cuando yo era niña. Estaba realmente sorprendida al recordarlas en completo orden, revelándome un nuevo sentido, que siendo pequeña no le había encontrado. Eran las historias del comienzo de los tiempos, cuando terribles batallas se libraron en los Cielos, entre las fuerzas de la Luz y de las Tinieblas. Entonces, el Arcángel Miguel, el guerrero de la Luz, defendió el trono de Dios.

En ese momento sentí que recibía un llamado, un pedido: *que me ocupara de los ángeles*. ¡Y así fue! Todo a mi alrededor comenzó a hablar acerca de estos seres celestiales, generando el sonido de un coro de ángeles dentro y fuera de mí. Cosas que siempre habían estado ahí afuera y en las que nunca antes me había detenido demasiado, como estatuas y monumentos con ángeles, esparcidos a lo largo de toda la ciudad, llamaban ahora mi atención. Parecía que me decían: "¡Hola! ¡Recuerda que estamos aquí! ¡Siempre estuvimos aquí!". Los ángeles me llamaban en todo lugar y momento.

Durante ese mismo tiempo fui llevada, como de la mano, por una fuerza invisible (o un ala) que me hacía entrar en librerías y dirigirme hacia determinados estantes, guiando mi atención hacia alguno de los libros en particular. Libros espirituales que incluían algo sobre ángeles, si es que ese no era su tema específico. Con este "sistema" llegué a coleccionar una gran familia de libros especiales que me fueron introduciendo profundamente en mi nuevo y verdadero camino.

Y así continué mi andar. Pasaron días, semanas, meses, años. Me dejé llevar por estas fuerzas invisibles que guiaban mis pasos. Cada día se volvía un júbilo misterioso e inesperado. Guiada por estas invisibles presencias asistí a seminarios, talleres y cursos que me ayudaron a desarrollar ciertas habilidades con las que ya contaba en algunos casos, pero a las que no les había prestado demasiada atención hasta que todas estas cosas comenzaron a sucederme.

Paralelamente se despertó en mí un interés por los oráculos. El azar, la intuición... ¿cómo funcionaban? Tiempo después llegó a mis manos, de manera misteriosa, el Oráculo Celta y un juego de Runas (antiguo sistema de predicción vikingo). Un poco después, en un viaje a Brasil, descubrí en una librería un Oráculo de Cristales. En otro viaje por Estados Unidos, encontré en Los Ángeles, un hermoso libro titulado *Ask your Angels*; me cautivó su oráculo de ángeles. Vino a mi mente, entonces, el recuerdo de mi visita al Oráculo de Delfos, en Grecia, en 1986.

Todo se iba conectando. Comencé a familiarizarme con todos estos oráculos que fueron llegando de manera sincrónica y secuenciada a mi vida. Poco a poco, fui entrando en esa energía. Los ángeles y los oráculos me rodeaban.

El contacto con todos esos oráculos despertó a la antigua pitonisa que dormía en el fondo de mi ser. A medida que usaba los oráculos, descubría nuevas respuestas. Sentía que los ángeles me iban sugiriendo lo que tenía que hacer en cada caso. Así fue que un día apareció en mi mente la idea de realizar naipes ilustrados con figuras de ángeles y arcángeles, para dar forma a un tarot angélico.

Sabía que, en esta tarea, estaba siendo guiada por mi ángel. A esta altura ya estaba completamente contactada con él, existía un estrecho vínculo entre ambos. Son muchos los que me llaman, e incluso me conocen, por mi nombre de ángel, *Stellarius*; a tal punto que este nombre vibra dentro de mí como mi verdadero nombre. No cabía duda de que esta tarea era pura inspiración de Stellarius, y se convertía cada vez en un impulso más fuerte de realizar. Entonces, separándome lo más que pude de mi personalidad y de mi ego, comencé a desarrollar la manera de concretar este método de contacto entre la Tierra y el Cielo.

Los ángeles me ayudaron permanentemente. Casi podría decir que me dictaron los textos, y además pusieron en mi camino a las personas adecuadas para que este trabajo fuera posible. Cuando me sentaba a escribir, los dedos corrían por mi máquina a gran velocidad, casi sin darme tiempo a pensar. Algo similar ocurrió con las ilustraciones de los naipes. Los maravillosos dibujos realizados por mi amigo, el artista místico Fedhar, fueron realmente inspirados por los mensajeros celestiales, quienes ofrecían las imágenes para que él las plasmara en el papel.

Este Oráculo es una manera más de demostrar que los ángeles están trabajando intensamente en este momento evolutivo del planeta. Los ángeles despiertan y unen conciencias. Los ángeles inspiran a artesanos, músicos, escritores y artistas de todo tipo. Los ángeles quieren estar presentes en este tiempo. Hay canciones acerca de ángeles, pinturas, decorados, estatuillas y todo tipo de objetos que los evocan. Por supuesto, también están los libros y revistas que hablan de ellos. O... mejor dicho, son los mismos ángeles, quienes nos hablan a través de todo ese material.

Stellarius me abrió las puertas del Reino de los Ángeles, y me guió en sus sagrados misterios. Mucho es lo que tiene que ser revelado. No tanto ocultismo, es tiempo de Luz. Es tiempo de que los conocimientos estén al alcance de quienes sepan oír y ver.

Hay un conocimiento, ancestral y sagrado, que está dentro de cada uno de nosotros. Hay que correr el velo para descubrirlo, llevar la luz para iluminar ese tesoro interior. Iluminarse. La luz interior nos permitirá vislumbrar nuestro verdadero origen, nuestra verdadera esencia. No estamos tan solos, todos llevamos un ángel muy cerca de nosotros, mucho más cerca de lo que a veces creemos.

Los ángeles se están acercando a nosotros. Los ángeles quieren hacerse visibles en nuestro corazón y en nuestra alma. No nos rehusemos. Abramos el corazón, dejemos que nos envuelvan en sus alas.

## Cómo me Encontré con mi Ángel

Es un largo camino el que recorrí. "Se hace camino al andar", dijo el poeta. Y como toda vida humana, la mía también fue (y es, gracias a Dios), imprevisible. Adoro las sorpresas, por supuesto las sorpresas agradables, porque las otras nunca resultan ser bien recibidas por nadie y yo no me salgo de la regla (al menos en lo que a esto se refiere).

Son tantos los cruces en el camino que nunca sabemos cuál será el final de nuestro viaje. A veces optamos por un desvío, otras, por otro. ¿Qué es lo que nos impulsa a decidirnos por uno o por otro? ¿Lo sabemos?

En mi caso particular, he sido guiada durante un período bastante largo de mi vida, hasta casi los finales de mi treintena, por una suerte de aparente "instinto de supervivencia", detrás del cual se escondía, camuflado, mi verdadero guía interior, del que no fui consciente en las primeras etapas de mi vida, pero que me fue sosteniendo en este planeta, para que continuara viviendo y haciendo mi huella.

Así, me fui dejando guiar, aunque de manera no consciente, por senderos que no siempre me llevaron por la luz, la felicidad ni la facilidad. Anduve a los tropezones, muchas veces y en muchos momentos de mi vida, no encontrando la antorcha para iluminar mi andar. Y en este movimiento a ciegas que me hizo transitar por "la noche oscura del alma" (usando las palabras de San Juan de la Cruz), fui cayendo reiteradas veces, recibiendo duros golpes, hasta precipitarme en profundos abismos, fríos y oscuros, en los que no divisaba la salida.

Confundida entre el ruido y la aparente alegría erigida como los castillos de naipes que ante el menor soplido se derriban, transcurrí unos cuantos años de mi vida. Así se fueron sumando desengaños e ilusiones perdidas, aunque simuladas en un envoltorio en el que el papel celofán reluciente y chispeante hacía creer que "todo estaba bien" y que todo era maravilloso, cuando por dentro la confusión y las lágrimas ahogaban mi ser. Creo que lograba engañar muy bien a todos con ese cuadro de alegría permanente, pero a quien no lograba engañar era a mí misma. Sin embargo, algo sucedió, y fue después de todo ese sufrimiento y esa desorientación cuando comencé a encontrarme con mi verdadero camino.

Fui tocada por una varita mágica que me despertó de mi sueño. Había estado dormida durante todo ese tiempo, buscando sonámbula las señales que indicaban mi ruta, pero sin poder verlas. Al despertar, fue como si recién amaneciera en mi vida. Empecé a descubrir que el sol de mis sueños brillaba en la vida real, aunque antes no lo veía debido al sopor que me mantenía alejada de mí misma, de quien verdaderamente soy, y de quien estaba distanciada. Y así, día a día, fui reconectándome conmigo misma, con mi verdadera esencia, con el ser que amorosamente me había protegido y esperado durante todo mi andar a tientas.

Así me reencontré con mi Ángel Guardián personal. Creo que nunca olvidaré la gran emoción del primer día en que sentí, en forma consciente, su presencia angelical envolviéndome en sus alas. Fue un momento de gran intimidad y ocurrió en un marco de gran sencillez, como lo es el *living* de la propia casa, cuando uno se encuentra solo.

Mi ángel siempre había estado allí, a mi lado, esperando que yo le prestara atención. Pero yo estaba muy ocupada con mi trabajo de maestra doble turno, que me consumía todo el día, y con mi vida social agitada, más mis responsabilidades de madre y ama de casa. ¿Cómo iba a tener tiempo de ocuparme de mi ángel...? Sin embargo, mi ángel se ocupaba de mí, aunque yo ni me daba cuenta de ello.

Doy gracias a la constancia infatigable de mi amado Ángel Guardián, quien sin desvelo alguno cuidó mis pasos hasta en los momentos más oscuros y tenebrosos de mi vida, siendo a veces el único hálito que sostuvo la vida en mí.

# PRIMERA
# PARTE

# Qué es un Oráculo

Un Oráculo es un sistema de adivinación al cual se puede recurrir en momentos de duda, con el propósito de encontrar algún tipo de respuesta.

Los antiguos acudían a ciertos sacerdotes o sacerdotisas para consultarlos en situaciones de difícil solución. Tanto a ellos como al sistema ritual que utilizaban para la adivinación, y a veces también, al lugar o recinto donde lo efectuaban, se les daba el nombre de *Oráculo*.

La palabra Oráculo viene de la palabra latina "orare" que significa "hablar"; y está vinculada, desde su raíz, con la palabra Oración, cuyo significado es: "pedido, ruego, invocación". Consultar un Oráculo es, pues, también, una manera de hacer un pedido. Es un pedido o invocación que los antiguos hacían a los dioses en los que ellos creían, para obtener una orientación o respuesta, a través de su mediación. Por lo tanto, el uso del Oráculo está asociado desde sus orígenes, tanto a lo místico como a lo oculto.

Los Oráculos fueron usados desde la más remota antigüedad. Los griegos consultaban el Oráculo de Delfos; de los antiguos chinos se conserva el I Ching; los celtas utilizaban el Ogham como sistema oculto de adivinación, basado en la interpretación de árboles. Las Runas constituyen otra manera de consulta que recibimos de otros tiempos. En fin, son muchos los Oráculos de los que el ser humano se ha valido, a lo largo de los tiempos, para tratar de descifrar el sentido de sus días, en busca de una luz que lo guíe en el camino a seguir.

Las dudas humanas sobreviven aún en nuestros días de la era tecnológica más avanzada. En los momentos de duda, el ser humano recurre nuevamente a su intuición, una manera más profunda de obtener conocimiento de sí mismo y del Universo todo, como en un intento de volver a las fuentes, a los orígenes, al principio, a su propia esencia.

## Visitando el Oráculo de Delfos

Curiosamente, en una de esas tantas supuestas "casualidades" por las que atravesamos en la vida, me encontraba en julio de 1986 visitando Grecia —en un viaje hacía muchos años anhelado y al fin concretado— cuando, repentinamente, una persona griega que conocí ocasionalmente en Atenas me aconsejó muy en especial que no dejara Grecia sin visitar primero el Oráculo de Delfos, el célebre oráculo de Apolo.

En ese tiempo, yo no sabía que me interesaban tanto los oráculos como me sucede ahora, ni siquiera sabía demasiado acerca de lo que encontraría en ese lugar. Simplemente, desde niña había deseado ir a Grecia. Sin saber por qué, me atraían tanto esas lejanas tierras; y finalmente ahí estaba. Y, además, visitando el Oráculo de Delfos, sin tener la menor idea de lo que eso significaba.

Pasé un día íntegro recorriendo las ruinas de Delfos, en compañía de un estudiante canadiense que —afortunadamente— se "interpuso" en mi camino a la entrada de este sitio mágico o sagrado. Él se me acercó preguntándome si yo sabía cuál era el lugar preciso donde había funcionado el Oráculo. Le dije que no tenía la menor idea. Sin embargo, él permaneció a mi lado, y me sirvió de guía espontáneo y especializado. Era un joven muy agradable. Comenzamos a subir el monte Parnaso. Era verano y hacía mucho calor. En medio de ese monte se había erigido Delfos.

Cada tanto parábamos a descansar a la sombra de algún árbol; las piedras del monte nos servían de asiento. Contemplábamos el mar azul desde lo alto, era un lugar verdaderamente maravilloso. Yo, simplemente, me dejaba estar y contemplaba el lugar. No estaba buscando nada en particular. Pero el joven canadiense insistía preguntándome en qué sitio de ese monte había funcionado el Oráculo. No éramos los únicos visitando esas ruinas; había otras personas también, pero no sé por qué, justamente, me preguntaba eso a mí.

Supe después que el Oráculo de Delfos fue el más famoso entre los antiguos griegos. El templo estaba edificado al pie de una escarpada roca, y en él se encontraba el *"onfalon"* o piedra sagrada. Delfos fue una de las más importantes instituciones prehelénicas. La última consulta a este oráculo se hizo en la época del emperador Juliano, a mediados del siglo IV.

El Oráculo de Delfos daba respuesta a los consultantes que se acercaban en busca de soluciones para asuntos importantes o difíciles de resolver. Los dioses respondían a través de las palabras de una mujer, la *pitonisa* o *sibila*. Para pronunciar sus oráculos, la pitonisa realizaba una preparación especial: ayunaba durante tres días y luego mascaba hojas de laurel. El lugar físico en donde estaba ubicado el templo oracular —en lo alto de una montaña rocosa—, era además propicio para crear el clima necesario que la pitonisa necesitaba para entrar en el trance que le permitiera profetizar.

Los oráculos están ubicados en centros energéticos especialmente elegidos con propósitos místicos y sagrados, en donde existen vórtices de energía que favorecen este tipo de contactos. Entonces, cuando la pitonisa ya estaba preparada y sentía que estaba en condiciones de comenzar a canalizar las respuestas de los dioses, se subía a un trípode colocado encima de una abertura de donde salían vapores. Su cuerpo empezaba a estremecerse, sus cabellos se erizaban, y comenzaba a responder las preguntas que se le hacían.

Junto al trípode de Apolo, en Delfos, se veía la imagen de un delfín. El delfín es símbolo de regeneración, adivinación, sabiduría y prudencia. Los cretenses creían que los delfines eran animales sagrados que, sobre sus lomos, trasladaban a los muertos hasta sus moradas de ultratumba. El nombre "Delfos" se atribuye a delfines que merodeaban las costas griegas. Los delfines eran honrados como dioses en la Creta prehelénica, tanto que Apolo se encarna en un delfín, según canta un himno homérico, para acercarse a las costas que le abren la ruta a Delfos. Otros relatos griegos nos cuentan que los delfines rescatan de las aguas a los hombres que están a punto de ahogarse.

Esto nos demuestra la bondad de los delfines y la salvación a través de ellos. En la actualidad se considera a los delfines como animales altamente inteligentes, que llevan a cabo un plan místico y, debido a su pureza, se los respeta como ángeles del agua.

En cuanto a Delfos, no podría afirmar con seguridad haber estado descansando exactamente en la piedra en la que alguna vez se sentó alguna pitonisa, aunque es muy posible que así sea. Sin embargo, sentí la magia especial de Delfos, al transitarlo paso a paso, recorriendo esos senderos en los que los dioses se acercaban a los hombres, cuando estos —lejos de toda soberbia— les pedían guía y protección.

## El Oráculo de los Ángeles

El Oráculo de los Ángeles es un sistema de consulta, una manera de obtener orientación, y está inspirado en el Reino de los Ángeles. El Oráculo de los Ángeles puede servir de ayuda para alertar y orientar en la toma de decisiones de la vida personal, tanto en el ámbito laboral como en el familiar, vocacional, amoroso o cualquier otro asunto por el que sintamos la necesidad de consultar.

Los Ángeles son interrogados, por medio de este Oráculo, en busca de respuesta a nuestras dudas, y ellos nos responden por medio de este sistema. Los Ángeles están mucho más cerca de nosotros de lo que podríamos imaginar o suponer, y están deseosos de ayudarnos y servirnos de guía. Esa es su misión en esta Tierra y el propósito de su existencia. Dios puso a los Ángeles a nuestro lado para que nos den luz, para que iluminen nuestro sendero. Pero los Ángeles no pueden intervenir en nuestras vidas si nosotros no se lo pedimos. Es necesario que sea respetado el Plan Divino, y este incluye nuestra *libertad*, en primera instancia. Sin libertad, nuestro accionar y pensar pierden sentido. De otro modo, seríamos títeres. La Gran Obra fue concebida dentro de un orden, y en ese orden es necesaria la libertad humana. Ese es el principio del *libre albedrío*.

Pero, para que comprendamos mejor cómo funciona este Oráculo de los Ángeles, sería interesante adentrarnos levemente en el Reino de los Ángeles.

# El Reino de los Ángeles

Desde los comienzos de la humanidad, los ángeles han estado presentes en las vidas de los hombres, de una manera u otra. Según las distintas culturas, reciben denominaciones diferentes. Así, vemos que los musulmanes los conocen como *Barakas*; los chinos, como *Shiens*; los hindúes, como *Devas*, y los indígenas, como *el Pájaro de la Tribu o Ankari*.

Los Ángeles ocupan un lugar de importancia en la Biblia, apareciendo en diferentes circunstancias en las que algunas veces brindan ayuda o guía, otras presentan una advertencia, y otras entregan un importante mensaje. Podríamos decir, entonces, que es indudable que los ángeles existen, pues así los testimonios nos lo revelan a lo largo de los tiempos y de las más diversas culturas.

También encontramos testimonios dentro del territorio del arte. Los ángeles han servido de inspiración a innumerables artistas —poetas, músicos, pintores—; se hace difícil creer que todos ellos los hayan imaginado. Miguel Ángel (¿coincidencia...?) Rafael, Botticelli y tantos otros artistas que pintaron ángeles, ¿los habrán sacado de su imaginación o los habrán visto realmente? Tal vez la manera de verlos no sea con la simple visión normal, sino llegando a un estado meditativo especial, casi rozando lo místico.

## Las Jerarquías Celestiales

### ✳ Distintas concepciones

La palabra jerarquía viene del griego *hierarkhia*, y significa: *orden, gradación*. Dentro del universo existe un orden concebido con determinados fines, ese orden nos permite vislumbrar la Unidad de todo lo creado. Nada existe al azar, todo tiene que ver con todo, nada de lo creado está aislado. Todo guarda una relación y un orden. La nueva ciencia de las últimas décadas, llamada *ecología*, no hace sino hablarnos de este orden, y nos promueve a sostenerlo, a fin de colaborar en el ordenamiento preconcebido de la vida.

Las Jerarquías Celestiales siguen un ordenamiento que viene de Dios hacia nosotros, los humanos; y, a su vez, va desde nosotros hacia otras jerarquías menores.

Existen diversas clasificaciones de Jerarquías Celestiales. Son muchas las escuelas del conocimiento que se ocuparon de los ángeles, y muchas también las religiones. Sin embargo, a pesar de las aparentes diferencias, todas estas clasificaciones tienen muchos puntos en común, y esto es natural, pues hay un solo Dios, y todo emana de Él. El ser humano es el que clasifica y divide para poder comprender mejor. Porque el razonamiento humano tiene limitaciones, entonces crea divisiones y separaciones de lo que, en realidad, es inseparable.

Dios es único, aunque existen diversas maneras de llegar a Él. De acuerdo a la cultura y a las creencias de la familia y del lugar donde nacemos, recibimos un camino para llegar a Dios. Con el tiempo puede ser que cambiemos, y hagamos nuestras propias elecciones. Lo importante es respetar las creencias de los demás. Cada una encierra una parte de la verdad.

Estamos viviendo una etapa en la evolución de la humanidad que nos impulsa a desarrollar la unidad en la diversidad. Es la única manera en la que podremos sobrevivir como especie.

En el caso del estudio de las Jerarquías Celestiales que desarrollaremos sintéticamente a continuación, podremos observar que pese a las aparentes diferencias que podamos encontrar entre unas y otras, existe un lazo común que las une a todas.

La Teosofía, por ejemplo, llama Jerarquías al conjunto de elevados seres espirituales, en los planos internos del sistema solar, que constituyen las fuerzas inteligentes de la naturaleza y dirigen los procesos evolutivos. La Teosofía divide a estas fuerzas en doce jerarquías. En nuestro sistema planetario hay un reflejo de esta organización en la llamada esotéricamente Jerarquía Oculta o *Fraternidad Blanca*, constituida por maestros, adeptos o iniciados.

Por otra parte, las religiones monoteístas como el judaísmo, cristianismo, mahometismo y zoroastrismo, se refieren a las Jerarquías Celestiales, como a huestes de seres superhumanos, quienes son conocidos genéricamente con el nombre de *ángeles*.

Para los Rosacruces, existen *Jerarquías Creadoras* compuestas de doce huestes de seres que cooperan en la evolución humana. Siendo que las dos primeras órdenes de estos seres intervinieron en un principio, y han pasado más allá del conocimiento humano, quedan las diez restantes, llamadas:

*1 - Serafines*
*2 - Querubines*
*3 - Tronos (o Señores de la Llama)*
*4 - Señores de la Sabiduría*
*5 - Señores de la Individualidad*
*6 - Señores de la Forma*
*7 - Señores de la Mente*
*8 - Arcángeles*
*9 - Ángeles*
*10 - Espíritus Virginales*

Los Espíritus Virginales constituyen la humanidad actual y forman una jerarquía en sí mismos.

Según esta clasificación de los Rosacruces, independientemente de estas Jerarquías Creadoras existen otras siete que pertenecen a nuestra evolución y se llaman *Elohim*. Pero, como de estos últimos se oye hablar bastante, creo necesaria cierta especificación sobre estos seres creadores.

## Los Elohim

Para la Teosofía, los Elohim forman parte del segundo ternario dentro del esquema de Jerarquías, lo cual coincide con el grupo del Segundo Coro de la clasificación más corriente y conocida (la de Dionisio), acerca de la cual nos explayaremos más adelante.

Los Elohim ocupan el tercer puesto dentro del Segundo Coro celestial, son los que anteceden a los *Principados*. Estos últimos encabezan el Tercer Coro celestial, seguidos de los *Arcángeles* y *los Ángeles*.

Los Elohim son elevadas y sublimes inteligencias espirituales que trascendieron el nivel humano antes del momento en que nuestra condición planetaria estuviera lista para la solidificación en la materia, y para el surgimiento de la vida tal como la conocemos ahora.

Los Elohim tienen una potencia creadora objetiva, similar a la del hombre, que les permite modelar, dar forma y engendrar entidades nuevas. Por eso, también se los denomina *Espíritus de la Forma*. Las primeras entidades anímico-espirituales de las que se ocupa el Génesis son los Elohim. Son entidades que ejercen las actividades principales y dan tareas a otras jerarquías que están por debajo de ellos (Principados, Arcángeles y Ángeles).

Los Elohim intervinieron en el tejido de los diferentes éteres de agua, aire y tierra, y luego pusieron a las entidades inmediatas inferiores a ellos a su servicio y les transmitieron sus órdenes.

Los Elohim fueron quienes pusieron la Luz. Podríamos decir que las tinieblas ya estaban dadas, la Luz hubo que crearla, y esta fue tarea de los Elohim.

## Luz y Tinieblas - Vivimos en un Mundo de Polaridades

Vivimos en un mundo de polaridades y aprendemos de los opuestos. No sabríamos qué es el bien si no fuera por oposición a la idea del mal. No sabríamos qué es el calor si no pudiéramos diferenciarlo del frío. No podríamos saber qué es la luz si no conociéramos la oscuridad.

Las polaridades son el sistema con el que aprendemos la realidad, vale decir, por partes. Dios creó este sistema para que aprendamos a conocer y a discernir. Luego hay que volver a reunir las piezas del rompecabezas. Es un proceso de análisis-síntesis. La vida en la Tierra está separada, nuestra tarea es reunirla.

Tener una visión holística es tener una visión panorámica de la realidad. Esa es nuestra tendencia como especie humana. Vamos hacia la unificación. Nuestro desafío es poder lograrlo. Ya hemos aprendido las partes, ahora es tiempo de unirlas.

A través de eones, y durante generaciones y generaciones de humanos, venimos aprendiendo por medio de los opuestos, es decir, de polaridades. Las polaridades son una característica del proceso operativo del Gran Plan Divino en la Tierra. Sin embargo, estamos entrando en un nuevo tiempo, del que todos somos engranajes cocreadores. Es momento de comenzar a unir las polaridades. El nuevo tiempo es un tiempo de unidad.

Es la hora de hacer la síntesis de todo lo aprendido durante estos miles de años a través del Proceso del análisis. Es necesario empezar a practicar la unicidad. ¿Cómo hacerlo? Encontrando el centro, ese famoso punto intermedio del que siempre se habla. Dejar de pendular hacia los extremos y buscar un punto de equilibrio dentro de nosotros mismos.

## Los Espíritus del Tiempo

Los Elohim dieron forma a las *Fuerzas Primordiales*, también llamadas *Espíritus de la Personalidad, Principados, Espíritus de los Pueblos y Espíritus del Tiempo*. Con los Espíritus del Tiempo aparece la noción de tiempo; por eso, a estos espíritus o ángeles se los llama también *Eones*.

Los Espíritus del Tiempo son fuerzas angélicas más "materiales", comparadas con los Elohim. Es decir, están más cerca de la materia misma. Esto nos ayuda a comprender cómo se va densificando la materia a medida que se acerca al hombre y se aleja de la emanación central llamada Dios.

Los Espíritus del Tiempo o de la Personalidad, también llamados *Coros de Arkai*, fueron y son ayudantes de los Elohim, quienes los cocrearon con ese propósito.

A estos Espíritus sostenedores de los umbrales del tiempo y custodios de los pueblos y naciones los suceden en orden inmediato inferior: los *Arcángeles*.

## Los Arcángeles

También llamados *Espíritus del Fuego*, estos seres hiperlumínicos son energías que ya pasaron por su peldaño humano en el antiguo estado solar planetario, y luego progresaron viajando hacia mundos más elevados y sutiles.

Por haber pertenecido en algún tiempo lejano a un escalón humano, los Arcángeles tienen gran afinidad con este estado; o, al menos, mucha más que todas las jerarquías superiores a ellos.

Los Arcángeles ejercieron su influencia desde afuera, sobre lo terrenal, acatando las indicaciones de los Elohim. De este modo, introdujeron la armonía sideral por medio de la constelación de los entes lumínicos que circundan la Tierra.

Los Arcángeles actúan detrás de los Espíritus de los Pueblos o del Tiempo y son potencias ordenadoras desde tiempos bien lejanos, en edades en las que no existía el hombre sobre la Tierra, tal como nos informa el Génesis.

Los Elohim invistieron a los Arcángeles la actividad que debía fluir hacia nuestra Tierra para que se produjera la vida en ella. Tanto la vida vegetal como la animal. Esa vida debía palpitar por dentro como imagen reflejada del exterior. ("Como es adentro es afuera", dice la Ley Hermética).

Es posible que tantas clasificaciones y categorías de Ángeles puedan sonar como un tremendo lío; pero, en realidad, sólo se hace confuso al querer ponerlo en palabras. El Reino de los Ángeles existe en un orden sabiamente trazado por una Inteligencia muy elevada, de donde emana todo lo que Es. Y aunque a primera vista parezca que existen diferencias entre unas concepciones y otras, si profundizamos en lo esencial, veremos que todas estas escuelas del conocimiento están diciendo más o menos lo mismo. Todos somos emanaciones de Dios, en distintas jerarquías evolutivas.

## Los Ángeles

Entre los estudiosos de la Teología generalmente se admite que los ángeles tienen una especie de cuerpo. Y que sólo Dios es Puro Espíritu. Por lo tanto, la espiritualidad de los ángeles es solamente relativa. Comparados con los hombres, son lo más incorpóreo posible; pero comparándolos con Dios son materiales. Es así que los teólogos finalmente concluyen diciendo que los ángeles pueden ser llamados "espíritus", siempre que la palabra implique todo aquello que no está formado de materia bruta.

La diferencia entre ángeles y hombres, según los estudiosos del tema, radicaría en que no se componen de los mismos elementos, siendo que: los ángeles son *"fuego y aire"*, mientras que los hombres son *"tierra y agua "*. Los ángeles fueron creados de fuego; podríamos decir que son *"fuego pensante"*. No son ni masculinos ni femeninos. Tanto hombres como ángeles fueron creados a imagen y semejanza de Dios, aunque los ángeles incomparablemente más que nosotros.

Juan Crisóstomo[1] asegura que: *"Todo el aire está lleno de ángeles"*. Ellos nos rodean permanentemente, acompañándonos, custodiándonos y prestándose silenciosamente a nuestro servicio.

Los ángeles fueron creados por amor. Dios no tenía necesidad de su servicio, pero el ser humano sí los necesita. Con tal propósito fueron creados, para facilitarnos nuestra proximidad con El Que Es, sirviéndonos de puente para vislumbrar el Todo.

En la tierra hay ángeles que han bajado en naturaleza humana. Juan Bautista era uno de ellos, un ángel encarnado. Ángeles y hombres son seres racionales de la misma naturaleza. El estado que tomen actualmente depende de su mérito anterior. Hay hombres que se asemejan a los ángeles. San Pablo aparecía a veces como un hombre y a veces tenía la faz de un ángel.

Un relato apócrifo nos cuenta que cuando Jesús bajó del cielo para hacerse hombre entre los hombres, se hizo primero ángel entre los ángeles, tomando la correspondiente forma angélica en cada uno de los estratos del mundo angélico. Fue así que se le apareció a María en la figura del arcángel Gabriel. Esta interpretación nos ayuda a darnos una idea del desdoblamiento y multiplicación posibles dentro de los confines del reino del espíritu.

El cuerpo de los ángeles es etéreo y puro, semejante al de las estrellas. El mundo material es vigilado por los ángeles, quienes se presentan, generalmente, en forma invisible.

Según la opinión de Orígenes[2], los Ángeles de la Guarda tienen una acción dinámica, es decir, son movibles y no fijos. Él dice que no tenemos el mismo Ángel de la Guarda durante toda nuestra vida, sino que cada uno tiene el ángel que se merece en cada etapa de su vida. Cuando crecemos en la perfección estamos acompañados de ángeles superiores que nos inspiran buenos pensamientos y hablan a nuestra alma durante el sueño. Si caemos profundamente, estos ángeles nos abandonan, y vienen otros a acompañarnos.

---

[1] Juan Crisóstomo, Padre de la Iglesia de Oriente (344?-407), patriarca de Constantinopla, santificado.

[2] Orígenes, teólogo nacido en Alejandría (185-254).

Una persona iluminada con la luz del conocimiento percibe la presencia de los ángeles.

Orígenes, en el siglo III, dijo: *En la vida futura algunos hombres no merecerán contemplar más que a los ángeles.*

Esta profecía visionaria de Orígenes nos está hablando de una comunión entre ángeles y hombres, y creo que eso es lo que está sucediendo en los finales del siglo XX. El ser humano está demostrando un notorio interés de acercamiento hacia el mundo de los ángeles. Creo que esta es una respuesta al llamado que los ángeles están haciendo a los seres humanos. Los Mensajeros Celestiales están descendiendo hacia el mundo de los hombres. Se acercan en huestes luminosas, rozándonos el alma con sus alas. Los ángeles despiertan nuestras conciencias dormidas, elevan nuestras miradas, y nos muestran su Reino. El Reino de los Cielos no está tan lejos, sus puertas están abiertas a todos los Hombres de Buena Voluntad.

## *Angelología*

### ❋ Clasificación de Dionisio

San Pablo advertía que cualquiera podía encontrarse con un ángel en el camino sin llegar a reconocerlo, por lo que debería tenerse el cuidado de tratar a todos como si fuesen posibles mensajeros de Dios.

La mayoría de los estudiosos en angelología agrupan a los ángeles según jerarquías, si bien la palabra ángel es usada genéricamente para nombrar a todos ellos. Tal como expresamos en los apartados anteriores, hay muchas opiniones diferentes acerca de cuántas categorías existen, cómo se llaman y qué funciones cumplen los ángeles o espíritus celestiales. Pero como pudimos apreciar, en el fondo todo se une.

La clasificación que expondremos aquí es la más seguida por el mundo occidental. Nos llega a través de un libro escrito por un discípulo de San Pablo, llamado Dionisio Areopagita, que vivió en el siglo I en Atenas, fue obispo y mártir, y está santificado.

La visión de Dionisio sobre las jerarquías angélicas se deriva de una visión trinitaria. Tal como observaremos a continuación, Dionisio hace referencia a *"Tres órdenes y Tres Coros o Esferas Celestiales"*.

Las categorías inferiores poseen toda la perfección de las superiores, por eso, según Dionisio el término "ángel", que corresponde a los inferiores en esta escala, es también utilizado para nombrar a los superiores dentro de este orden jerárquico. Cada una de estas órdenes ocupa su puesto y cumple una función específica dentro de la totalidad de las multitudes de ángeles existentes. Entonces, siguiendo esta visión trinitaria, Dionisio divide las Jerarquías Celestiales en Tres órdenes, compuestas cada una de Tres Coros.

Los tres grupos principales, denominados *órdenes,* incluyen, cada uno, a tres *Coros* o *Esferas* de Ángeles. La Primera Orden está compuesta por los *Consejeros Celestiales.*

Los *Consejeros Celestiales* son la jerarquía más elevada, la más próxima a Dios. Los Consejeros Celestiales se dividen en tres subgrupos —Coros o Esferas—, entre los cuales ocupan el primer Coro, los *Serafines*; el segundo Coro, los *Querubines*; y el tercero, los Tronos o *Espíritus de la Voluntad.*

La Segunda Orden es la de los *Gobernadores Celestiales.* Los Gobernadores Celestiales también están subdivididos en tres Coros. El Primer Coro o Esfera Celestial dentro de este grupo está formado por los *Dominios* o *Espíritus de la Sabiduría.* El Segundo Coro: *Virtudes* o *Espíritus del Movimiento.* Y el Tercer Coro es el de los *Poderes, Potestades* o *Espíritus de la Forma,* también conocidos como *Elohim.*

Por último, en el plano más cercano al hombre, aparece la Tercera Orden, la de *los Mensajeros Celestiales.* Esta Orden está compuesta por los siguientes Tres Coros o Esferas. El primero: los *Principados* o *Espíritus de los Pueblos,* también llamados *Espíritus de la Personalidad* o *Espíritus del Tiempo.* El segundo: *los Arcángeles* o *Espíritus del Fuego.* Y, en el último plano jerárquico, encontramos a los *Ángeles,* que son las entidades espirituales más cercanas al hombre. A estos les sigue en la jerarquía de la creación: el Hombre.

Se podría decir entonces, que el conjunto de todas las jerarquías celestiales es una vasta esfera sin fin de seres que rodean un punto central incognoscible al que se denomina Dios. Esta vibración central es la más elevada, de manera tal, que las frecuencias vibratorias que la rodean van disminuyendo a medida que se alejan de ese centro. Esto significa que los *Serafines* tienen una frecuencia de vibración más elevada que los *Querubines,* y estos que los *Tronos*; y así, sucesivamente, hasta llegar a los *Ángeles y al Hombre.*

En los Tronos es donde ya empieza a aparecer la materia. A menor frecuencia, hay mayor densidad, todo se mueve más lento. Por esto, el plano humano de la tercera dimensión es el más denso, el más material. A medida que nos vamos alejando de él, en el sentido opuesto, o sea, elevándonos hacia el punto central, las vibraciones van en aumento y se sutilizan cada vez más, hasta hacerse invisibles a nuestros ojos físicos.

La Divinidad Central, que es Pensamiento Puro, disminuye su vibración a medida que se proyecta hacia el exterior y se convierte en Luz, la cual, a su vez, se transforma en Calor, que se condensa en materia.

Todas las Jerarquías Celestiales actúan sobre la Tierra, y también sobre el Cosmos. *"Así en la Tierra como en el Cielo"*.

En la creación del Ser Humano debieron actuar todas las jerarquías que son anteriores y superiores a él. Las Jerarquías Celestiales combinaron y entretejieron todas sus habilidades para hacer al Hombre. Pero necesitaron de una Entidad Divina que rebasa la esfera de los Serafines. Y este es Dios, el Creador de todo lo creado.

Dios fue creando entidades a través de la emanación de su Espíritu o Fuerza Primordial, de las cuales se fueron formando, sucesivamente, todas las jerarquías. A cada una de estas jerarquías le encomendó una tarea especial, haciendo que todas entre sí estuvieran interconectadas formando una unidad.

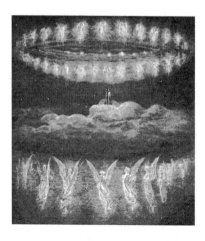 

# La Misión de los Ángeles según su Jerarquía

| Jerarquías Angélicas | Misión Específica |
|---|---|
| 1 Serafines | Son quienes están más cerca de Dios. Regulan el movimiento de los cielos. Cantan el Coro de las Esferas. |
| 2 Querubines | Son los Guardianes de la Luz y las estrellas. |
| 3 Tronos | Son los Guardianes de los planetas. La Tierra tiene su propio custodio. |
| 4 Dominaciones | Reciben órdenes directas de Dios y coordinan a su grupo (segunda Esfera). Son los encargados de integrar el mundo espiritual con el material. |
| 5 Virtudes | Envían energía divina a la Tierra. |
| 6 Poderes | Son los Guardianes de nuestra historia colectiva. Entre ellos están los Ángeles del nacimiento y de la muerte. Envían energía divina a la Tierra. Nos permiten ver la Red de Luz espiritual que une nuestro planeta. |
| 7 Principados | Son los Guardianes de los grupos, ciudades, corporaciones, países, hospitales, etc. Hay muchos trabajando en nuestro planeta. |
| 8 Arcángeles | Son Seres de Luz. Los más conocidos por nosotros son Rafael, Gabriel, Miguel y Uriel, pero hay otros más. |

**9 Ángeles**

Son los que están más cerca del hombre. Cada ser humano tiene su propio Ángel Custodio. Es un Ángel Compañero que nos protege y guía. Siempre está a nuestro lado, pero generalmente no interviene si no se lo pedimos. Respeta nuestra libertad. Sin embargo, está siempre dispuesto a ofrecer su ayuda. Esa es su misión.

**10 Ser Humano**

Ser que habita la Tierra y que ha olvidado que está profundamente ligado a su esencia divina. Dios lo creó a su "imagen y semejanza", pero el ser humano ya no recuerda eso. Dios lo creó multidimensional, pero el ser humano vive en su propia sombra y sólo ve uno de los aspectos de sí mismo, su cuerpo físico; y no ve todas sus otras facetas, no aprecia todas sus capacidades. El ser humano vive enceguecido *creyendo que sólo es lo que ve* y lo que él capta como "la realidad" a través de sus sentidos físicos; y se ha olvidado de que la Realidad es mucho más amplia de lo que él cree percibir. Sin embargo, en este momento de la evolución del planeta Tierra en el que se está completando un ciclo, están llegando energías divinas procedentes de las Esferas, muy especialmente de las *Virtudes* y *Poderes*, las cuales están despertando a muchas almas aún dormidas que no recuerdan su verdadera esencia divina. Este es el momento de recordar. Es una oportunidad dada para que cada hombre recuerde su verdadero origen y pueda, de esa manera, regresar a la Fuente donde está la Luz esperándole.

## Jesús y los Ángeles

Los Ángeles aparecen frecuentemente en la vida de Jesús, según nos relata el antiguo libro llamado *Nuevo Testamento*. Este libro también es llamado *Evangelio*, palabra que significa: *Buena Noticia*. El libro de San Lucas —que es uno de los libros que relata la vida de Jesús— forma parte del *Nuevo Testamento*, es decir, de la *Nueva Buena Noticia*.

El libro de Lucas fue escrito cincuenta años después de la muerte de Jesús. Lucas fue fiel compañero de viaje del apóstol San Pablo e investigó hondamente antes de escribir los relatos que conforman su libro. Algunos estudiosos suponen que Lucas habría sido médico debido al vocabulario médico que utiliza en algunos relatos y por la descripción técnica de algunas enfermedades y curaciones. El libro de Lucas comienza introduciendo la historia de Jesús desde poco antes de su llegada a la Tierra. En sus primeros párrafos ya encontramos noticias de los ángeles.

Un Ángel anuncia la llegada de Jesús. Es el Arcángel Gabriel. Este hecho es recordado como: *La Anunciación del Ángel a María*. San Lucas lo describe así en su libro:

> *"En el sexto mes, el Ángel Gabriel fue enviado por Dios a una ciudad de Galilea, llamada Nazaret, a una virgen que estaba comprometida con un hombre perteneciente a la familia de David, llamado José. El nombre de la virgen era María. El Ángel entró en su casa y la saludó, diciendo: '¡Alégrate!, llena de gracia, el Señor está contigo'. Al oír esas palabras, ella quedó desconcertada y se preguntaba qué podía significar ese saludo. Pero el Ángel le dijo: 'No temas María, porque Dios te ha favorecido. Concebirás y darás a luz un hijo, y le pondrás por nombre Jesús'.*
> *... María dijo al Ángel: '¿Cómo puede ser eso, si yo no tengo relaciones con ningún hombre?'. El Ángel le respondió: 'El Espíritu Santo descenderá sobre ti y el poder del Altísimo te cubrirá con su sombra. Por eso el niño será Santo y será llamado Hijo de Dios'".*

*(Lucas 1,26)*

Este texto confirma claramente que los ángeles son enviados de Dios, al expresar: *"el Ángel Gabriel fue enviado por Dios"*.

Podemos observar, también, la precisión con la que Dios envía al Ángel. A una ciudad y a una mujer determinada. La reacción de la mujer ante la súbita aparición del Ángel es de asombro y desconcierto. El Ángel percibe el temor en ella y le habla con palabras tranquilizadoras para finalmente transmitirle concretamente el mensaje de Dios: será madre de un hijo muy especial, concebido a través del Espíritu de Dios, que entrará en ella por su coronario, inundándola por completo de La Luz de Su Espíritu. (*"El Espíritu Santo descenderá sobre ti"*).

Más adelante, en el mismo libro, Lucas relata que los Ángeles anuncian a unos pastores el nacimiento de Jesús:

*"En esa región acampaban unos pastores, que vigilaban por turno sus rebaños durante la noche. De pronto, se les apareció el Ángel del Señor y la Gloria del Señor los envolvió con su luz. Ellos sintieron un gran temor, pero el Ángel les dijo: 'No teman, porque les traigo una buena noticia, una gran alegría para todo el pueblo: hoy, en la ciudad de David, les ha nacido un Salvador, que es el Mesías, el Señor. Y esto les servirá de señal: encontrarán a un niño recién nacido envuelto en pañales y acostado en un pesebre'. Y junto con el Ángel, apareció de pronto una multitud del ejército celestial, que alababa a Dios diciendo:*

*¡Gloria a Dios en las alturas, y en la tierra, paz a los hombres amados por Él!*

*Después que los ángeles volvieron al cielo, los pastores se decían unos a otros: 'Vayamos a Belén, y veamos lo que ha sucedido y que el Señor nos ha anunciado'. Fueron rápidamente y encontraron a María, a José, y al recién nacido acostado en un pesebre".*

(Lucas 2,8)

Este relato me parece espectacular en su descripción. Es fácil imaginar el asombro que pudo haber causado a un grupo de simples y rústicos hombres que acampaban bajo el manto oscuro de la noche, que de repente se les apareciera un Ángel. Y como si esto fuera poco, una tremenda luz los envolviera a todos ellos. Los pastores, lógicamente, sintieron temor y, nuevamente, tal como en el caso de la Virgen María, el Ángel les habló primero tranquilizándolos: *"No tengan miedo"*. Y luego les transmitió el mensaje de los Cielos: *"Hoy les ha nacido un Salvador"*. El Ángel completó la información con datos precisos y concretos, haciéndoles saber el lugar y especificando cómo descubrir al Niño recién nacido. El Ángel les dio una señal: *"estará envuelto en pañales y acostado en un pesebre"*.

En este relato, Lucas menciona también a un ejército de ángeles haciendo alabanzas a Dios. Este ejército celestial acompaña al Ángel del Señor. El Ángel al que se hace referencia es el *Arcángel Miguel*, quien trae un mensaje para los pastores. Miguel es llamado con frecuencia en los pasajes bíblicos: *"el Ángel del Señor"*.

El Arcángel Miguel formula muchos de sus anuncios haciendo sonar su trompeta desde los cielos, con el fin de llamar la atención de los hombres y proclamar las noticias de Dios. En este relato Lucas expresa claramente que: los pastores reciben el mensaje divino a través de un enviado celestial —*el Ángel del Señor*— de quien emana una poderosa luz que los envuelve a todos. El evangelista denomina a esta Luz: *"la Gloria del Señor"*.

El Ángel del Señor se les aparece acompañado por un Coro de Ángeles que cantan alabando a Dios. Según la clasificación de jerarquías que ya vimos anteriormente, esta *"multitud del ejército celestial"* está constituida por los *Serafines*, es decir, la Jerarquía Celestial más elevada, la más próxima al trono de Dios. La actividad principal de los Serafines es *cantar la Gloria de Dios*.

Tanto en el primero (Lc. 1,26) como en el segundo relato de Lucas (Lc. 2,8), (ambos transcriptos antes), son los ángeles quienes anuncian la llegada de Jesús. Dios quiso que así sea para manifestarse ante el hombre en toda su Gloria, poniendo como intermediarios a sus Mensajeros Celestiales, demostrando de este modo que los ángeles existen con el fin de servir a Dios. No es que Dios necesite a los Ángeles, sino que Dios Se Glorifica y Se Despliega a Sí Mismo a través de ellos.

Durante la vida pública de Jesús, los Ángeles aparecen con escasa frecuencia. Sin embargo, podremos ver en algunos relatos que estos Seres Celestiales fueron también servidores de Jesús, el Hijo de Dios. Los ángeles atendieron y consolaron a Jesús en los momentos más difíciles: su ayuno en el desierto y su agonía.

En el desierto:

*"... y unos ángeles se le acercaron para servirle".*
*(Mateo 4,11)*

Mateo fue otro de los evangelistas, es decir, formó parte del grupo que predicaba la Buena Noticia. Mateo era un recaudador de impuestos que abandonó su trabajo para seguir a Jesús. Escribió su libro alrededor del año 80 después de Cristo. Mateo nos cuenta en su libro que los ángeles se acercaron a Jesús para servirle durante su solitario ayuno de cuarenta días en el desierto.

Hay un tercer escritor de la Buena Noticia, su nombre es Marcos. Él también hace mención al ayuno de Jesús en el desierto:

*"... Vivía entre las fieras, y los ángeles le servían".*
*(Marcos 1,13)*

Marcos escribe de manera más escueta que los otros evangelistas, siendo su libro el más antiguo de los que componen el titulado Nuevo Testamento. El libro de Marcos fue escrito en el año 70 de la era cristiana. Marcos fue discípulo e intérprete del apóstol Pedro. Su nombre completo era Juan Marcos.

Volviendo al libro de Lucas, él es quien recuerda nuevamente a los ángeles acompañando a Jesús en otro de sus momentos difíciles: la agonía. Las palabras de Jesús en el monté de los Olivos fueron:

*"'Padre, si quieres, aleja de mi este cáliz. Pero que no se haga mi voluntad, sino la tuya'. Entonces se le apareció un ángel del cielo que lo reconfortaba".*
*(Lucas 22,42)*

Cuando Jesús fue al monte de los Olivos a orar, ya sabía que su muerte estaba cerca y sintió miedo. Pidió al Padre ser librado de tan difícil misión. Dios le envió a uno de sus Mensajeros Celestiales para reconfortarlo y darle paz en tan desolado momento. De este modo, Lucas nos muestra en su libro a los ángeles como portadores de consuelo y amorosa compañía en las situaciones más dolorosas de la vida.

Así como Dios envía ángeles a su Hijo Jesús para que le sirvan y reconforten, también nos envía ángeles a nosotros, sus hijos bienamados, para que nos ayuden a sobrellevar las penas terrenales y nos faciliten el acercamiento al brillo de la luz de Dios.

Otro de los escribientes de la Buena Noticia fue Juan. Él también relató la vida de Jesús. Juan era *"el discípulo a quien Jesús amaba"*, según expresan los mismos textos antiguos. Así como el evangelio de Marcos comienza con el bautismo de Jesús, y los de Mateo y Lucas se remontan a su infancia, el evangelio de Juan es el que va más lejos de todos, es el más espiritual, y se remonta al origen divino de Jesús. Juan da un sentido profundo y metafísico a la Palabra Creadora. Y expresa en las primeras líneas de su libro:

*"Todas las cosas fueron hechas por medio de la Palabra".*
*(Juan 1,3)*

En su libro, Juan cuenta, también, que Jesús habló a los hombres acerca de los ángeles:

*"Les aseguro que verán el cielo abierto, y a los ángeles de Dios subir y bajar sobre el Hijo del hombre".*
*(Juan 1,51)*

Me parece maravillosa esta imagen de ángeles subiendo y bajando desde los cielos. Jesús nos describe con esas palabras el movimiento de los ángeles en relación al hombre. Los ángeles están al servicio de Dios, y prontos a cumplir sus mandatos. Los ángeles son el puente de unión entre Dios y el hombre, son la escalera a través de la cual los hombres pueden ascender hacia el reino de los cielos. A medida que comencemos a poner más atención en los ángeles —en sus llamados y en sus señales—, se nos irán abriendo las puertas del cielo.

Conclusión: Jesús anticipó en sus palabras que al hombre le sería posible ver el "cielo abierto" y contemplar la presencia de los ángeles subiendo y bajando. ¿Acaso no es esto lo que está sucediendo en los finales de esta era? Los hombres comenzaron a responder al llamado de los ángeles, lo cual es lo mismo que decir: los hombres comenzaron a escuchar los mensajes de Dios. De este modo, el Reino de los Cielos se abre para nosotros.

A través de los textos de los cuatro evangelistas fuimos viendo que la llegada de Jesús fue anunciada por ángeles, primero a María, su madre, y más tarde a los pastores. Luego, siendo Jesús adulto, fue cuidado y consolado por Mensajeros de los Cielos. A continuación, en la siguiente transcripción del libro de Juan, veremos que los ángeles anunciaron también la partida de Jesús.

La Resurrección de Jesús ante la presencia de los ángeles:

*"María Magdalena se había quedado afuera, llorando junto al sepulcro. Mientras lloraba se asomó al sepulcro y vio a dos ángeles vestidos de blanco, sentados uno a la cabecera y otro a los pies del lugar donde había sido puesto el cuerpo de Jesús. Ellos le dijeron: 'Mujer, ¿por qué lloras?'. María respondió: 'Porque se han llevado a mi Señor y no sé dónde lo han puesto'. Al decir esto se dio vuelta y vio a Jesús".*

*(Juan 20,11)*

María Magdalena fue la primera en ver a Jesús resucitado. Pero antes de verlo a Él, vio a dos ángeles vestidos de blanco. Otra vez comprobamos en los evangelios la presencia de los ángeles en torno a la vida de Jesús. Los ángeles se presentan en forma calma y clara, tranquilizando con sus palabras a María Magdalena: *"Mujer, ¿por qué lloras?".*

La imagen que nos queda, luego de leer todos estos relatos de los evangelistas, es que los ángeles estuvieron íntimamente ligados a la vida de Jesús en la Tierra. Anunciaron su llegada a su propia Madre, María. Proclamaron su nacimiento a los vecinos del pueblo. Los ángeles sirven y reconfortan a Jesús en sus momentos más difíciles. Bajan y suben al cielo junto a Él. Y por último, anuncian su resurrección para llevarlo de regreso al Reino del Padre.

Todas estas son evidencias de la íntima comunión de los ángeles con Jesús. Los ángeles son seres creados por Dios a fin de servir y proteger todo lo creado. Los ángeles son ayudantes, colaboradores y mensajeros de Dios. La Iglesia Católica celebra el día de los Santos Ángeles Custodios, el 2 de octubre.

# El Evangelio de los Esenios

## ✳ Jesús y los Ángeles Sanadores

Se denomina *Evangelio de los Esenios* a unos antiguos escritos sagrados, cuyos originales manuscritos —en *arameo*, la lengua hablada por Jesús—, se conservan en la Biblioteca del Vaticano, en Roma. Muchos estudiosos consideran que estos son los evangelios más antiguos y auténticos, y constituyen un legado de sabiduría para toda la humanidad.

Los *esenios* eran una hermandad judía de Palestina. Vivían como monjes, en comunidades muy organizadas; aunque algunos de ellos, se retiraban solitarios al desierto. Sus reglas eran muy estrictas, eran abstemios y practicaban la castidad. Los esenios dedicaban mucho tiempo a la contemplación y al estudio de las Sagradas Escrituras. Pero, también, atendían las necesidades de la gente que vivía en los poblados cercanos a sus monasterios. Se cree que Jesús tuvo contacto directo con los esenios. La palabra *esenio* proviene del hebreo, *asa*, que significa *sanador*.

El Evangelio de los Esenios relata episodios de la vida de Jesús y contiene las enseñanzas de Jesús a los hombres. Solamente uno de estos libros está traducido, y es el denominado *Evangelio de la Paz*. En este Evangelio, Jesús menciona reiteradamente a los ángeles. Y recomienda que se mantenga contacto con ellos, para que, por su intermedio, podamos acercarnos más a Dios. Los ángeles representan nuestra escalera de ascenso al Cielo.

Jesús menciona diferentes tipos de ángeles en el Evangelio de los Esenios. Y nos enseña cómo estos ángeles pueden ayudarnos a purificarnos en cuerpo y espíritu. Este es un evangelio de sanación en todos los niveles del ser, Jesús describe un ayuno de purificación y habla del *Ángel del Aire*, el *Ángel del Agua*, el *Ángel de la Luz del Sol*, el *Ángel de la Tierra*.

## ✳ Ángel del Aire

*"Buscad el aire fresco del bosque y de los campos, y en medio de ellos hallaréis al Ángel del Aire. Quitad vuestro calzado y vuestras ropas y dejad que el Ángel del Aire abrace*

*vuestro cuerpo. Respirad entonces larga y profundamente, para que el Ángel del Aire penetre en vosotros. En verdad os digo que el Ángel del Aire expulsará de vuestro cuerpo toda inmundicia que lo profane por fuera y por dentro. Pues en verdad os digo que sagrado es el Ángel del Aire, quien limpia cuanto está sucio y confiere a las cosas malolientes un olor agradable. Ningún hombre a quien no deje pasar el Ángel del Aire podrá acudir ante la faz de Dios".*

## ✳ Ángel del Agua

*"Después del Ángel del Aire, buscad al Ángel del Agua. Quitaos vuestro calzado y vuestra ropa y dejad que el Ángel del Agua abrace todo vuestro cuerpo. Entregaos por entero a sus acogedores brazos, y así como el Ángel del Aire penetra en vuestra respiración, que el agua penetre también en vuestro cuerpo... En verdad os digo que sagrado es el Ángel del Agua que limpia cuanto está sucio... Ningún hombre a quien no deje pasar el Ángel del Agua podrá acudir ante la faz de Dios".*

Luego, Jesús aconseja que se beba mucha agua para completar el proceso de ayuno y purificación.

## ✳ Ángel de la Luz del Sol

*"... Buscad al Ángel de la Luz del Sol. Quitaos vuestro calzado y vuestras ropas y dejad que el Ángel de la Luz del Sol os penetre. Y el Ángel de la Luz del Sol expulsará de vuestro cuerpo toda cosa fétida y sucia que lo mancille por fuera y por dentro... Pues en verdad os digo que sagrado es el Ángel de la Luz del Sol... Nadie a quien no deje pasar el Ángel de la Luz del Sol podrá acudir ante la faz de Dios. En verdad que todo debe nacer de nuevo del sol y la verdad, pues vuestro cuerpo se baña en la luz del sol de la Madre Terrenal, y vuestro espíritu se baña en la luz del sol de la verdad del Padre Celestial".*

En este párrafo se revela claramente el concepto de *Madre Tierra y Padre Cielo*, el cual constituye la base de las creencias de los aborígenes de toda América. Más adelante, Jesús dice:

> *"Los Ángeles del Aire, del Agua y de la Luz del Sol son hermanos. Les fueron entregados al Hijo del Hombre para que le sirviesen y para que él pudiera ir siempre de uno a otro".*

Esta hermandad nos recuerda el *Cántico al Hermano Sol* de San Francisco de Asís, en el cual San Francisco se refiere a la *Hermana Agua, Hermana Tierra, Hermana Luna*, y a todos los otros hermanos de la naturaleza.

El antiguo texto esenio continúa hablando de estos ángeles hermanos, de este modo:

> *"Sagrado es, asimismo, su abrazo. Son hijos indivisibles de la Madre Terrenal, así que no separéis vosotros a aquellos a quienes la tierra y el cielo han unido. Dejad que estos tres ángeles hermanos os envuelvan cada día y habiten en vosotros durante todo vuestro ayuno".*

> *"... Y entonces os servirán todos los ángeles de la Madre Terrenal. Y vuestra respiración, vuestra sangre y vuestra carne serán una con la respiración, la sangre y la carne de la Madre Terrenal, para que vuestro espíritu se haga también uno con el espíritu del Padre Celestial. Pues en verdad nadie puede llegar al Padre Celestial sino a través de la Madre Terrenal".*

> *"... Yo os he sido enviado por el Padre para que haga brillar la luz de la vida entre vosotros. La luz se ilumina a sí misma y a la oscuridad, más la oscuridad se conoce sólo a sí misma y no conoce la luz. Aún tengo que deciros muchas cosas, más aún no podéis comprenderlas. Pues vuestros ojos están acostumbrados a la oscuridad, y la plena Luz del Padre Celestial os cegaría. Por eso no podéis entender aún cuanto os hablo acerca del Padre Celestial... Seguid*

*primero sólo las leyes de vuestra Madre Terrenal... Y cuando sus ángeles hayan lavado y renovado vuestros cuerpos y fortalecido vuestros ojos, seréis capaces de soportar la luz de nuestro Padre Celestial".*

*"... Si creéis en los ángeles de la Madre Terrenal y cumplís sus leyes, vuestra fe os sostendrá y nunca conoceréis la enfermedad".*

## ✳ Ángel de la Tierra

En otra secuencia de estos evangelios —llamados también *"los Rollos del Mar Muerto"* debido al lugar donde fueron encontrados—, hay un relato que cuenta que se presentaron ante Jesús unas personas enfermas, que se acercaron hasta Él arrastrándose con dificultad, pues no podían caminar. Jesús les dijo:

*"No desesperéis, pero no busquéis vuestra curación sino en el sanador de los huesos, el Ángel de la Tierra. Pues de ella salieron vuestros huesos, y a ella retornarán".*

Y señaló con su mano donde la corriente de agua y el calor del sol habían ablandado la tierra dando un barro arcilloso, en el borde del agua.

*"Hundid vuestros pies en el fango, para que el abrazo del Ángel de la Tierra extraiga de vuestros huesos toda inmundicia y toda enfermedad. Y veréis cómo Satán y vuestros dolores huyen del abrazo del Ángel de la Tierra. Así desaparecerán las nudosidades de vuestros huesos, y se enderezarán, y todos vuestros dolores desaparecerán".*

## ✳ Ángeles Sanadores

La gente se acercaba a Jesús postrándose ante Él y tocando el borde de sus vestiduras para agradecerle todo lo que hacía por ellos. Entonces, Jesús les dijo:

*"No me deis las gracias a mí, sino a vuestra Madre Terrenal, la cual os envió a sus ángeles sanadores... Dejad que los Ángeles Sanadores sean vuestros guardianes".*

# TODO ESTÁ EN MOVIMIENTO

## *Nuestra Conciencia Se Expande*

Todo lo creado está en movimiento continuo, nada está quieto. La quietud sólo es aparente, en realidad todo se mueve. Una mesa por más sólida y quieta que pueda parecernos, está formada por partículas en perpetuo movimiento, aunque nuestra visión normal no pueda captarlo. Estas partículas atómicas se mueven y se combinan entre sí permanentemente.

La vida es movimiento y transformación. Y lo que los humanos llamamos muerte, también es movimiento y transformación. Nada está quieto. *"Nada se pierde, todo se transforma"*, dijo Lavoisier en su ley fundamental. Y esta es ley de vida.

Existe un movimiento incesante, bajo cuyo orden funcionamos. Es un movimiento externo e interno. El organismo humano está en constante renovación celular. Dentro de nosotros funciona un sistema de reproducción, muerte, transformación y renacimiento permanente. Nuestro maravilloso organismo es una muestra en pequeño de todo lo que ocurre afuera, en el Universo que nos rodea y del cual formamos parte. *"Así como es adentro, es afuera"*. Por eso, autoconociéndonos comprenderemos mejor cómo funciona la gran maquinaria de la cual somos sólo un engranaje.

La transformación es evolución. Del mismo modo, la evolución es transformación. Todo lo creado se transforma. Todo lo creado evoluciona. El hombre, como parte de la creación, se transforma y evoluciona también. Cada uno de nosotros sigue su propia espiral evolutiva, del mismo modo que la humanidad global avanza dentro de su particular espiral evolutiva.

Todo está entrelazado, nada es absolutamente independiente. Esto lo aclara actualmente muy bien la nueva ciencia llamada Ecología. Para que el equilibrio se mantenga, todo debe evolucionar siguiendo sus propios ritmos, su propio programa evolutivo. Los caminos y las maneras los decidimos nosotros. Para eso contamos con el *libre albedrío,* con esa libertad que nos permite elegir, optar, decidir y actuar en consecuencia.

Todo está en movimiento, todo está transformándose. Nada se pierde dentro de este proceso. Todo evoluciona. Tú eres una molécula dentro del inmenso Todo. Si acompañas el proceso: avanzas. Y si no lo haces, de todos modos aparecerá otra tarea, tal vez menos evolucionada, pero siempre aparecerá algo que deberás realizar.

El ser humano va tejiendo su propio camino evolutivo. Las opciones pueden ser múltiples, pero es el hombre quien decide. Cada ser humano es responsable de sus propios errores y de sus propios aciertos. Todo está a nuestro alcance. Está en nosotros la posibilidad de elegir entre la evolución o la involución. A veces, esta elección no se realiza en forma consciente; sin embargo, existe una responsabilidad en cada acción. No es que habrá un castigo para quien no cumpla, simplemente no habrá evolución. Es posible quedarse estancado en un estadio del propio ciclo evolutivo. Puede ser que no se esté listo aún para dar otro "salto", tal vez por causa del miedo.

Los miedos provienen de *la ilusión de la separación.* Pero, como ya explicamos antes, todo está en movimiento. Todo está interrelacionado. Nada evoluciona aisladamente, hay eslabones uniendo todo lo creado. Esos eslabones o lazos, nos permiten ver que no estamos separados, que la separación es sólo aparente. En realidad, unos dependemos de otros; y lo que cada uno de nosotros hace, ejerce una influencia en toda la especie.

La ciencia ha observado recientemente que: *la mutación de un miembro de una especie animal, aun la de un pequeño insecto, modifica el código genético de toda la especie a la que pertenece.* Esto significa que no estamos separados, que existen lazos, o más bien, que *todos somos Uno.*

De esto se deriva, también, el porqué de la importancia en la calidad de nuestros pensamientos. No sólo lo que hacemos ejerce una influencia sobre los otros, sino también lo que pensamos. Es posible que todos podamos vivir en un mundo mejor, pero esto depende de las acciones individuales. No tenemos que esperar que sea el otro quien cambie, sino empezar nosotros mismos con el cambio interno, que por lógica se manifestará luego en lo externo, en nuestras vidas cotidianas. No esperemos recibir una orden desde afuera, no son necesarios los mandatos gubernamentales o institucionales de ninguna clase. La decisión es personal, es un acto libre e individual, el cual confluirá en el cambio de la totalidad.

Si cada uno de los seres que habita este planeta cambia, el resultado será una humanidad diferente. Es algo que se da matemáticamente, no es ningún misterio. Por eso, es necesario estar alerta en cuanto a lo que hacemos y pensamos. El cambio es posible. La decisión está en nuestras manos.

Los ángeles pueden ayudarnos a realizar este cambio dentro de cada uno de nosotros, guiándonos por el camino evolutivo que hemos elegido. Antes de venir a este planeta, todos hemos tomado decisiones y hemos hecho planes. Esto fue antes de nacer, antes de bajar a esta realidad tridimensional en la que nos manifestamos como materia. Pero ocurre que lo hemos olvidado. Ya no recordamos el propósito con el que hemos venido a la Tierra. Sin embargo, ahora, en este momento evolutivo que está viviendo toda la humanidad, se nos está dando la oportunidad de recordar las elecciones que hicimos, como almas, en el *"más allá"*, antes de venir a encarnar en este cuerpo que llevamos ahora.

Estamos atravesando un momento especial en la evolución global de la especie humana, en el que nos es permitido *recordar*. Se están abriendo los archivos de las *Grandes Memorias*, para que todos tengamos acceso a ellos. La manera de llegar a esa información es "buceando" dentro de nuestro mundo interno. La meditación y el autoconocimiento nos permitirán acceder, paulatinamente, a revelaciones de fragmentos de nuestra memoria que estuvieron ocultos hasta ahora. Se están abriendo las compuertas que mantenían en la oscuridad estos conocimientos. La luz está llegando. Está emergiendo mucha información.

Nuestras almas abren sus bancos de memoria para que tengamos acceso al "mapa" completo. Esto cambiará definitivamente la percepción que tenemos de nosotros mismos, abarcándonos en un sentido más amplio. Al abrirse nuestros bancos de memoria, se expande nuestra conciencia. Este no es trabajo de un día, un mes o un año. Todo llegará, paso a paso. Pero, es cierto que los tiempos se están acelerando, y lo que antes llevaba años, ahora lleva meses. De todos modos, de nada sirve querer apurarse, todo sigue su propio ritmo. La paciencia resultará el mejor ayudante.

La utilización de este Oráculo de Ángeles te facilitará la apertura hacia otros niveles de conciencia. No es el único medio, es sólo uno más de tantos que irás encontrando en tu camino. Los ejercicios de meditación que te sugerimos en este libro, y otros muchos que irás aprendiendo, así como infinitas situaciones que se irán presentando espontáneamente en tu vida, conforme avances en tu autoconocimiento, irán colaborando en la expansión de tu conciencia. Todo esto te llevará a una paulatina comprensión de estas nuevas ideas que, en un primer momento, podrán parecerte extrañas. Al principio sólo serán ideas, y ocuparán tu plano mental; tratarás de comprenderlas usando tu razonamiento, pero esto no será fácil. En cambio, cuando te abras a otras esferas de conciencia más elevadas, podrás comenzar a vislumbrar de qué se trata todo esto. Entonces tu mente se expandirá siguiendo el camino de tu conciencia y, poco a poco, comenzarás a vibrar de otro modo. Es entonces cuando esas "ideas raras" ya dejarán de ser ideas, pasarán a ser parte de ti. Serán tus vivencias, tus experiencias.

Notarás que a medida que tu conciencia se vaya expandiendo, aumentará tu comprensión y tu percepción de la realidad. Comenzarás a ver las cosas que te rodean desde otra perspectiva más universalista. Entrarás en la *Conciencia Planetaria*. Los detalles sólo serán detalles; y tu percepción irá más allá de esas fronteras. Podrás captar globalmente tus propias situaciones, las de los demás, las de la humanidad toda, las del planeta, las del Cosmos, las del Gran Plan en el que todos estamos involucrados y jugamos un papel ineludible.

Tu conciencia expandida es una conciencia sin fronteras. Tu conciencia expandida forma parte de la *Gran Conciencia Global*. Desde esta Gran Conciencia Amplificada podrás comenzar a captar todo lo que necesitas saber para poder realizar tu tarea; aquella en la que te comprometiste antes de descender en la materia, o sea, antes de venir a este planeta y tomar el cuerpo físico que llevas.

Es el momento para que todos recordemos la tarea que vinimos a hacer. Es la oportunidad para concluir y cerrar un ciclo evolutivo. La oportunidad está dada, cada uno decide si participa o no.

Y como siempre ocurre a la hora de tomar decisiones, aparece la *libertad* como protagonista. Nadie te obliga a nada, tú eres quien decide. Todos somos seres libres; y ahí radica de alguna manera "la trampa" en la que podemos quedar atrapados. Es necesario tener claridad para discernir, para poder discriminar, para poder hacer una elección que nos ayude a evolucionar y no a involucionar.

La decisión que tomemos ahora nos acompañará por mucho tiempo. Por lo tanto, reflexionemos, vayamos a nuestro interior, tratemos de encontrar las verdaderas respuestas para nosotros mismos. Todo lo que necesitamos saber está dentro de nosotros, en un plano más elevado que el del pensamiento racional o lógico, es el plano del Yo Superior. Introduciéndonos en ese plano nos acercaremos, paulatinamente, a la Comprensión Global.

## El Perdón

Estamos inmersos en un serio proceso que involucra una tarea de purificación. Debemos soltar muchas viejas cosas (creencias, ataduras) que ocupan lugar innecesariamente, dentro de nosotros. No necesitamos transportar todo eso. No es necesario ir cargado con tanto equipaje, es mejor estar más livianos y más sueltos, si no, no podremos pasar por *"el ojo de la aguja"* que deberemos atravesar para alcanzar el Reino de los Cielos. Ese "ojo de aguja" es una puerta interdimensional por la que podremos pasar si vamos con poco peso, si vamos "delgaditos"; esto es, sin culpas, rencores o pesadas estructuras.

Es necesario perdonar para poder soltar. El perdón nos libera de viejas cargas que venimos arrastrando. Es momento de hacer balance y saldar deudas pendientes. El ciclo se va cumpliendo, ya no hay más tiempo que perder. Ajustemos nuestras cuentas, limpiemos y soltemos; de esta manera veremos con más claridad, y podremos avanzar más fácilmente por el camino que aún nos queda por recorrer.

Es necesario despejar la maleza para poder ver las señales que se ocultan tras ella. Una de las herramientas más útiles para despejar la maleza es: el *Perdón*. Tanto el Perdón hacia los demás como el Perdón hacia uno mismo. Perdonar nos hace más livianos, nos libera de rencores y culpas que ya no necesitamos cargar más.

Se terminó el tiempo del sufrimiento, ahora es tiempo de felicidad. Es hora de volver a la Fuente de donde todos hemos salido, y a la que todos debemos retornar. La oportunidad nos ha sido dada, sepamos aprovecharla esta vez; si no, tendremos que esperar muchos eones para que se produzca un proceso como el que estamos viviendo ahora. Es así como funcionan los ciclos evolutivos, es así como funciona nuestra realidad.

## El Karma

Todo lo que realizamos produce un efecto, una consecuencia, tanto en nuestras propias vidas como en las de los demás seres humanos, aunque no seamos demasiado conscientes de ello. Por lo tanto, si nuestros actos y pensamientos pueden afectar a los otros, por lógica derivación afectan a todo el Universo, ya que todos formamos parte de él.

Es importante tener presente que cada acción que realizamos, impacta de alguna manera al Todo. De lo cual se deduce con facilidad que: nosotros mismos *somos los creadores de nuestra propia realidad.*

¡Cuidado con lo que pensamos! ¡Cuidado con lo que hacemos!

El pensamiento es una energía muy poderosa que, al proyectarse, compone y materializa la realidad. Todo lo que existe materializado a nuestro alrededor, desde una silla, una casa, una empresa, o lo que fuere, constituyó primeramente un pensamiento. No existe nada que no haya sido previamente pensado. Del pensamiento se deriva la acción. El pensamiento es acción. *Creamos desde la mente.* Todos tenemos esa capacidad. De ahí la importancia en el cuidado y atención de nuestros propios pensamientos. Si, por ejemplo, queremos estar sanos, no pensemos que estamos enfermos antes de estarlo. Y, recordemos siempre la *Ley de Causa y Efecto*: todo lo que deseemos a otro también llegará a nosotros, pero multiplicado. Esta ley también es llamada *Karma*. Recibimos lo que damos. Es lo que yo llamo, la "ley del rebote", por la cual te vuelve lo que enviaste.

De nada sirven los pretendidos engaños, aparentando ser bondadoso o compasivo con alguien, si en el fondo existen otros sentimientos negativos hacia esa persona. El receptor recibirá un doble o triple mensaje, vale decir, una confusión. El pensamiento tiene más fuerza y está más conectado con el sentimiento, por eso será más fuerte la acción del pensamiento que la de la palabra. Si decimos una cosa, pensamos otra y sentimos otra, todo se vuelve un lío tremendo. La comunicación se hace imposible. Sin embargo, muchas personas viven de ese modo. Pero, si pretendemos mayor claridad, debemos comenzar por actuar en concordancia con lo que pensamos y sentimos.

Del pensamiento, la acción y la palabra se deriva nuestro *karma*. Es decir, *recibimos lo que enviamos con nuestra mente, nuestra acción y nuestra palabra.*

Por lo tanto, si enviamos bendiciones, verdaderamente sentidas, a los demás, bendiciones será lo que recibiremos; y además, multiplicadas. Pero recordemos también, que la Ley de Causa-Efecto se cumple en los casos contrarios.

## El Conflicto y el Cuerpo

Poseemos un complejo organismo con diversos aparatos: circulatorio, respiratorio, nervioso, digestivo, etc., los cuales están completamente interrelacionados entre sí. Estos aparatos, perfectamente sincronizados, nos brindan la posibilidad de manifestarnos en la materia a través de distintas funciones: pensar, hablar, escuchar, caminar, procrear, etc. Nos permiten relacionarnos con los demás, expresar los sentimientos y pensamientos más diversos, comunicarnos.

Nuestro cuerpo —esta organización perfecta y resistente dentro de la cual vivimos—, es una maquinaria muy compleja. Y, por supuesto, requiere estar balanceada y equilibrada para su correcto funcionamiento, el cual depende del estado interno del propietario u ocupante. No siempre funciona bien esta compleja maquinaria.

Es natural que surjan conflictos en las vidas de las personas. Los conflictos son como sacudidas eléctricas. Te mueven de tu rutina. Te recuestionan. Desencadenan situaciones. Te hacen repensar. Los conflictos producen desequilibrios. Estos desequilibrios se manifiestan en todos los niveles de nuestro ser: emocional, mental, espiritual y físico. Algunas personas tratan de ocultar o disimular sus conflictos, aparentando que nada sucede. Sólo ellos se engañan. Continúan con la "fiesta" y no se quitan la máscara. Otros, en cambio, le cuentan sus problemas a cuanta persona se les cruza en el camino, y toda su vida parece una tragedia permanente.

Es inevitable que surjan conflictos. Lo importante es cómo son resueltos, cómo son abordados. Me atrevo a decir que: *la actitud ante el conflicto es la clave entre la salud y la enfermedad.*

De la *actitud* ante el conflicto dependerá: el regreso de la armonía al cuerpo-mente-emoción-espíritu; o, por el contrario, un desequilibrio estacionario que, con el tiempo, podrá ser mayor o crónico.

Algunos confunden el "yo" con el "cuerpo". Dicen "yo soy", refiriéndose sólo a su cuerpo. Somos mucho más que un cuerpo. Estos complejos mecanismos que ocupamos, reciben y expresan toda la información que le envían nuestras emociones.

Cuando hay mucha confusión, o hubo un gran impacto en el plano emocional, pueden aparecer síntomas en el cuerpo físico. Somos como un tejido, no hay partes separadas. Los síntomas pueden ser: una contractura muscular, dolor de cabeza, diarrea, una mala digestión y muchos otros. De la resolución de los conflictos dependerá que el cuerpo recupere su equilibrio. Y no depende tanto de la solución del conflicto, como de la *actitud ante el conflicto mismo.*

El estancamiento ante un conflicto —porque no podemos resolverlo de la manera satisfactoria que más nos complacería—, produce un "empacamiento". Se estanca la energía en algún lugar del cuerpo. Puede ser el estómago, el hombro, la espalda, el nervio ciático, la rodilla, la garganta o cualquier otro lugar del cuerpo. Siempre hay un lugar que es nuestro lugar más "flaco". Por ese "lugar" nos expresamos.

Cuando verbalizamos el conflicto, de alguna manera ayudamos a disolverlo, y ese "lugar" se afloja. Pero no siempre, y no sólo con eso. Hablar y hacer consciente el conflicto es simplemente un comienzo de apertura al re-equilibrio. Pero además, es necesario tratar el bloqueo de energía antes que este se cristalice en enfermedad, es decir, se haga materia sólida dentro del cuerpo.

Hay muchas enfermedades que son la cristalización de la confusión y el conflicto no resuelto, no abordado de frente. Conflicto que, como dijimos, puede provenir del plano: mental, emocional o espiritual; pero que luego se manifiesta en el plano físico o cuerpo, apareciendo así los síntomas a los que el hombre agrupa y clasifica, dando nombre a diferentes enfermedades.

Todos estos desequilibrios que desordenan la maquinaria, en realidad no hacen más que darnos pistas. Estas "pistas" o señales tratan de indicarnos dónde se encuentra el origen del desperfecto. Podemos aprender a descubrir estas señales. Es un trabajo interno. Demanda tiempo y dedicación. Pero vale la pena, se trata de nosotros mismos y de vivir mejor.

La tarea es: *aprender a descifrar los mensajes de nuestro cuerpo desde una óptica diferente, no como desgracias que nos llegan desde afuera, sino como algo que nos pasa en un plano muy profundo de nosotros mismos.*

Cuando no hay coherencia entre lo que se hace, lo que se piensa y lo que se dice, aparecen desequilibrios en diferentes niveles. Pueden sobrevenir diversos síntomas físicos a lo largo del tiempo, que no son más que la cristalización de lo que ya venía ocurriendo en otros planos del ser.

## Las Casualidades

Todo es movimiento. Nada está quieto, todo sigue un ritmo. Nosotros somos parte del proceso. Estemos atentos, observemos lo que pasa alrededor. Pero especialmente y, en primer lugar, observemos lo que pasa dentro de nosotros. Allí hay muchas "pistas" que nos guiarán hacia el descubrimiento de nosotros mismos, entonces podremos apreciar lo maravillosos que somos.

En todo este transcurrir rítmico existen, además de las "pistas" o señales internas, otras pistas y señales que son externas: *las casualidades.* Las "casualidades" aparecen en nuestras vidas con el propósito de sacudirnos, de hacernos focalizar nuestra atención en algo que no estábamos viendo antes. Las casualidades forman parte del Gran Movimiento en el que estamos inmersos. Las coincidencias constituyen una banda de frecuencia energética que promueve el desarrollo de nuestro ser potencial. Son un impulso que nos lleva, como un suave río. Son como la banda transportadora del aeropuerto, que te lleva hacia el otro extremo sin que hagas nada.

Podemos dejarnos llevar por las coincidencias permitiéndonos fluir en ellas, para ver hacia dónde nos conducen. O, por el contrario, podemos dejarlas pasar, archivándolas como una anécdota más para contar en ronda de amigos. Si optamos por entrar en la banda de frecuencia que nos proponen las aparentemente casuales coincidencias, estaremos tomando la oportunidad que se nos da para entrar en el maravilloso mundo de la *sincronicidad*.

La sincronicidad, también llamada *Providencia Divina,* es la fuerza que, verdaderamente, conduce el ritmo de nuestras vidas hacia nuestro mejor destino. Al acercarnos íntimamente a nuestro mundo interno, abrimos las compuertas que favorecen e intensifican las oportunidades para que ocurran coincidencias en nuestras vidas.

## Qué es la Sincronicidad

### ✳ Ley del Karma y Ley de Liberación

La sincronicidad es la existencia de alguna correlación temporal en los sucesos. Hay muchas cosas que el hombre puede hacer que funcionen en forma sincrónica. Por ejemplo, dos relojes que funcionen sincronizados el uno con el otro, o una danza en la que los movimientos de una persona guardan una cierta correspondencia con los que deberá efectuar la otra. Hay muchos ejemplos posibles de sincronicidad provocada o planeada por el hombre. Pero también existe otra sincronicidad, y es la que responde a ciertas leyes superiores.

La sincronicidad tiene mucho que ver con los movimientos del universo. Nada está quieto, como ya explicamos anteriormente, y el movimiento existente es sincrónico, es decir, guarda un orden, un sentido; aunque para nosotros ese sentido sea, la mayoría de las veces, difícil de descifrar.

Estamos hablando de ese tipo de sincronicidad que es ajena a la decisión humana; y es aquella a la que los hombres suelen llamar *"casualidad"*. Hay muchos sucesos que pueden parecer casuales, pero que en realidad, no lo son. Todo lo que sucede tiene un sentido. Nada está librado al azar en el Universo. Todo tiene un propósito. Todo responde a ciertas leyes.

La *Ley de Causalidad*, o sea la *Ley de Causa-Efecto*, es correspondiente a la *Ley del Karma*. La ley del karma responde a la causalidad. Recibimos de acuerdo con lo que hemos dado. Es decir, si lo que sembramos fue rencor, crítica y descontento, eso será lo que cosecharemos. De modo contrario, si lo que sembramos es amor y aceptación, nuestra calidad de vida cambiará por completo, y nos sentiremos más felices.

El *karma* es la consecuencia de nuestros hechos y decisiones a través del tiempo. No importa cuánto tiempo haya transcurrido desde los hechos causales. En algún momento el efecto aparecerá y seguramente de la manera menos esperada.

Paralelamente a la Ley del Karma existe otra ley que nos permite liberarnos del karma: la *Ley de Liberación*. La diferencia básica entre ambas leyes radica en que la Ley del Karma acontece mientras actuamos de manera inconsciente, automática, reactiva; vale decir, desconociendo la existencia de dicha ley. En ese desconocimiento, el ser humano actúa sin medir las consecuencias.

En cambio, la *Ley de Liberación* entra en acción cuando se produce una transformación profunda en la conciencia individual de la persona. Esta transformación nos abre a una manera diferente de percibir la existencia, provocando un accionar consciente. Aparece entonces, la reflexión antes de la acción. Podemos prever los efectos que causarán las acciones y pensamientos, tanto en nosotros mismos como en los demás. Entonces, podemos trabajar conscientemente para no juntar más karma.

Pero ¿qué hacemos con lo ya hecho? La Ley de Liberación nos brinda la oportunidad de reconciliarnos con nuestro pasado. Aquellos actos o pensamientos que por inconsciencia fueron cometidos, sin considerar el daño provocado en los otros o en nosotros mismos, es posible transmutarlos. Todo depende de nuestra sincera e íntima intención de realizar esta transmutación.

La Ley de Liberación nos pide trabajo interno. Una profunda toma de conciencia que requiere tiempo, dedicación y sinceridad ante nosotros mismos. De nada valen los engaños. Para que se ponga en marcha la Ley de Liberación, es requisito indispensable una auténtica y sincera revisión de nuestra vida. Si nos resulta difícil hacerlo solos, podemos pedir ayuda especializada, al menos en un comienzo del proceso.

Hay ciertas técnicas que podrían ayudarnos a realizar este proceso de liberación. El objetivo es liberarnos de la carga negativa del pasado para poder sentirnos más plenos y más libres.

Podemos transmutar los hechos del pasado. Podemos limpiar nuestro karma. Limpiamos nuestra energía. Nos hacemos más livianos. Este es el resultado de la Ley de Liberación. Significa que podemos dirigir nuestras vidas. Dejamos de ser víctimas de un mundo incomprensible. Pasamos a ser protagonistas conscientes de los propios acontecimientos. El poder está en nosotros, tanto para destruirnos como para liberarnos.

La Ley de Liberación traerá cambios positivos a tu vida. Tu nueva actitud atraerá nuevas situaciones. Acontecerán sucesos que facilitarán, a veces de manera misteriosa o inexplicable, el desarrollo de tus nuevas tareas responsables. A medida que avances en este nuevo camino de conciencia despierta, aparecerán en tu vida muchas *casualidades*.

Estas casualidades o *coincidencias* que comenzarán a aparecer en tu vida, significarán que habrás entrado en la frecuencia de otra ley que te ayudará ampliamente en tu propósito de liberación: *la Ley de Sincronicidad*.

Nuestra conciencia expandida nos permitirá estar más atentos y alertas, apreciaremos mejor lo que nos pasa y lo que pasa a nuestro alrededor; comenzaremos a descubrir muchas de las causas por las que suceden las cosas. Las situaciones casuales comienzan a cobrar un significado diferente, revelándonos otros contenidos. Es como si el mundo se volviera una radiografía ante nuestros ojos. El ojo experto puede ver en ella mucho más. Del mismo modo, podremos ver algo que está más allá de lo aparente, o de esos detalles que quieren mostrarse como lo único existente.

La posibilidad de descubrir la *sincronía entre los sucesos* que aparecen a simple vista como casuales, requiere de un entrenamiento. Es una nueva lectura de la realidad. Y, como todas las cosas, mejora con la práctica. La intuición es una herramienta indispensable para descubrir la sincronicidad en los acontecimientos. La práctica de la meditación ayuda a desarrollar la intuición, por lo tanto, te abre a una realidad más amplia.

Existe un ritmo sincrónico en el Universo. Nosotros formamos parte de él aunque, generalmente, le damos la espalda. Nos hemos apartado de ese ritmo hace ya mucho tiempo atrás. Cada tanto, estas aparentes "casualidades" quieren recordarnos la existencia de ese ritmo sincrónico. Pero la mayoría de las veces ni nos damos cuenta de la sincronicidad de los sucesos, sino que sólo los tomamos como casuales, restándoles importancia. Otras veces ni siquiera reparamos en esa aparente "casualidad".

A medida que vamos siendo más conscientes de nosotros mismos, estas supuestas "coincidencias" comienzan a sucederse con más frecuencia, permitiéndonos, poco a poco, entrever su verdadero significado. Comenzamos a introducirnos dentro del maravilloso Ritmo Sincrónico del Cosmos, y eso nos hace más propensos a ser guiados por la Divina Providencia.

## Los Ángeles Provocan Coincidencias

Es frecuente que muchas personas tomen como ocasionales ciertas coincidencias, restándoles importancia más allá de la anécdota trivial. Sin embargo, las coincidencias pueden ser mensajes velados que los ángeles nos envían.

El ámbito de trabajo de los ángeles es muy vasto. Siendo nuestros compañeros más cercanos, y conociendo nuestros deseos y necesidades más profundos, es muy posible que ellos provoquen ciertas coincidencias para favorecer algún contacto "casual" del que podría depender el ascenso a un importante escalón en nuestro camino evolutivo.

Los ángeles funcionan en muchas oportunidades como conectores o vinculadores. Puede ser que pongan en nuestro camino al amigo que era necesario ver ese día, o que nos hagan tropezar con la revista o el libro que tiene un mensaje para nosotros. Todo es posible si nos dejamos guiar por los ángeles. Recordemos que ellos son los *mensajeros de Dios*, y que cualquier situación puede ser propicia para encontrarnos con el mensaje que nuestro Padre Celestial nos envía.

Agudicemos nuestra atención. Los ángeles están en todas partes. Puede ser que ahora mismo estén intentando enviarnos un mensaje. Observemos, escuchemos y tengamos abierto el corazón. Abrir el corazón es abrir la puerta de entrada principal para recibir los mensajes que los ángeles nos traen desde los cielos.

Sin embargo, a veces dudamos...

## Qué Pasa cuando Dudamos

La duda puede ser una buena señal. Puede indicar que vamos camino del conocimiento. Cuando dudamos expresamos nuestro deseo de no errar. Se despierta un alerta interno. Y esto es un buen signo. La sabiduría llega después de la duda. El que cree que sabe todo, en realidad, no sabe.

El Conocimiento fue sembrado en el principio de los tiempos, en el centro de nuestro corazón. Cada uno de nosotros posee su propia clave para activar ese Conocimiento dormido. Cuando el Conocimiento despierte, se convertirá en nuestro Guía Interior. Y este Guía Interno será la Luz que iluminará nuestro andar. Cuando los Conocimientos de muchos seres encarnados en este momento en la Tierra despierten, se producirá un gran resplandor que destellará en los Reinos Superiores.

Todos poseemos un camino personal, que es propio y único. Sólo nosotros podemos descubrirlo. La búsqueda interior nos abre a la posibilidad de develar la clave que abre nuestro corazón, permitiendo de este modo que entre el Sol, y que germine la semilla dormida del Conocimiento.

Cuando se encienda en ti la llama de la duda, significa que estás siendo llamado a despertar. Es posible que el camino de la duda te traiga las mayores recompensas, aquellas que nunca imaginaste. Pero no te quedes estancado en la duda, avanza en tu camino. Recibirás la guía apropiada en cada caso para poder transitar tu propio sendero. Aprenderás a reconocer las señales que deberás seguir. Algunas de las cuales te llevarán por ágiles caminos, y otras, por los más espinosos. Pero, si logras descubrir que todas las situaciones son para aprender algo, te abrirás a una comprensión mayor. Y podrás vislumbrar la unidad que existe entre tú y todo lo creado.

Tú estás ligado íntimamente a toda existencia en este planeta, y al Universo entero. Cuando la duda comienza a golpear dentro de ti, es signo de que estás listo para comenzar tu verdadero camino. Si eliges el sendero adecuado y lo sigues, te llevará a la Iluminación.

Es necesario trascender la duda para alcanzar la confianza. La duda abre puertas, te incentiva a curiosear, es un primer paso. La confianza es un estadio más avanzado. La confianza te aproxima a Dios. Al confiar, te pones en los brazos del Padre. Te dejas acunar por Él y en Él.

La Iluminación existe en el estado de Confiar, no en el estado de duda. Pero es a través de la duda como se alcanza la confianza. El peligro radica en quedarse permanentemente en el estado de duda.

Recordemos las palabras de Jesús:

*"¡Felices los que creen sin haber visto!".*

*(Juan 20,29)*

Este Oráculo ha sido diseñado especialmente para tus momentos de duda. Podrá guiarte desde lo más íntimo para que sigas tu camino personal. Te contactará con el Reino de los Ángeles. Te servirá de mediador. A través de la consulta recibirás guía y orientación de parte de los ángeles. Podrás ir viendo el sendero de tu ruta, el camino de tu alma. De este modo, las dudas se irán disipando y darán paso a la confianza y a la entrega, ambas indispensables para alcanzar el pleno desarrollo de tu alma.

## ¿Me Quedo Solo o Huyo de Mí?

### ✳ El maestro interno y el maestro externo

Todas las respuestas están dentro de nosotros. Sin embargo, nos pasamos la mayor parte del tiempo haciendo preguntas a los demás. Estamos tan ocupados con lo de afuera, con la agitación del mundo externo que nos rodea, con la estimulación sensorial que nos producen tantas imágenes, sonidos, olores, que casi nunca estamos en silencio con nosotros mismos. Cuando estamos solos encendemos la televisión (para ser invadidos por imágenes y sonidos), o la radio para "entretenernos", o nos sentamos con la agenda en la mano y recurrimos al teléfono; cuando en realidad no hay nada más entretenido que nosotros mismos.

Nuestro mundo interno es un escenario fabuloso en el que pueden transcurrir las escenas más maravillosas y, sin embargo, vivimos escapando de nosotros mismos. No queremos estar solos.

Muchos temen a la soledad y viven huyendo de ella como si fuera un monstruo que quiere devorarlos; cuando, en realidad, estar solos es encontrarnos con nosotros. ¿Cómo es posible sentir tanto miedo de uno mismo? ¿Qué es lo que pasa? ¿De qué huimos? ¿Qué tememos?

No hay nada que temer. Sólo se trata de nosotros. La manera de perder el miedo a algo es mirándolo de frente. Hagamos entonces un ejercicio: mirarse al espejo. Mírate a la cara, ¿qué es lo que tanto asusta? Tal vez en un primer momento nos sea difícil mirarnos en el espejo, a los ojos, tratando de ver quiénes somos en realidad. Es posible que ni siquiera podamos sostener nuestra propia mirada. ¿Por qué? ¿Qué es lo que pasa?

Cada uno de nosotros recibirá respuestas diferentes a esas preguntas, porque si bien todos somos uno, a la vez, existe la individualidad, y cada uno de nosotros es un ser único e irrepetible. No hay recetas para seguir. Cada camino es individual, y es nuestra tarea descubrir cuál es.

Estamos rodeados de señales que nos van marcando el camino. La mayoría de las veces no les prestamos atención, o ni siquiera las vemos. El bullicioso mundo cotidiano produce un gran aturdimiento y enceguece. Pero las señales ahí están. A veces se nos aparecen en sueños, otras veces en las palabras que decimos a otros, creyendo que son consejos para ellos, cuando en realidad nos estamos aconsejando a nosotros mismos.

Otras veces las señales se nos revelan escritas en algún libro que estamos leyendo o que abrimos al azar, o en un cartel de la calle que dice justo lo que necesitábamos en ese momento. En general, no prestamos demasiada atención a estos hechos a los que usualmente denominamos "casualidades".

Estos hechos aparentemente casuales son señales que van marcando nuestro camino, y se presentan para guiarnos o advertirnos. No creo que haya hechos casuales, creo que todo responde a un plan perfectamente sincronizado; lo que ocurre es que nosotros desconocemos el plan, por eso nos provoca la ilusión de que las cosas suceden porque sí.

Hay muchas señales que se presentan diariamente ante nosotros con una intención específica. Las coincidencias nos hacen prestar atención a ciertos hechos, personas o lugares, que de otro modo pasarían desapercibidos. Sin embargo, muchas veces estamos tan "anestesiados" con la vida que llevamos, que apenas si lo advertimos. De cualquier manera, queda en nosotros la libertad de seguir las huellas o pistas que estos hechos nos dejan.

¿Elegimos o nos marcan el camino?

Creo que en realidad, siempre elegimos.

Elegimos antes de nacer, dónde nacer, en qué familia, bajo qué circunstancias de vida, etc. Pero luego olvidamos. Al venir a la Tierra y tomar este cuerpo, fuimos creciendo y olvidamos poco a poco. Vivimos, pero no recordamos para qué. Más aún, la mayoría de las personas ni se cuestiona para qué vive. Nos vamos sumergiendo en el sistema y no nos damos cuenta de nada. Un sistema ilusorio basado en la separación. Al nacer nos separamos de nosotros mismos. De nuestra Fuente Primordial. Quedamos partidos. Este sistema de ilusión separa todo, cuando en realidad, todo está unido.

Estamos separados de la Fuente, del Origen. Al estar separados, vemos todo seccionado y dividido. Necesitamos del análisis para desmenuzar más. Repetimos afuera lo que sentimos adentro. Nosotros nos sentimos desmenuzados, partidos, seccionados, separados de la Fuente, y no hacemos más que reflejar en el afuera, en nuestra manera de mirar el mundo, la incisión interna que traemos desde nuestros orígenes. Lo que la religión explica como "pecado original". En realidad, no es ningún pecado (al menos dentro del concepto que llevamos arraigado culturalmente acerca de ese término), sino que es estar "en falta", es decir, faltándonos algo, incompletos, apartados del origen, de la Fuente, del Ser único, de lo que llamamos Dios, el Creador, el Gran Generador de Amor del que todo ha partido.

Por eso, la soledad nos confunde, y huimos de ella. Pero, en realidad, al huir de la soledad, huimos de nosotros mismos. Cuando el hombre está solo, se siente solo porque en ese momento se siente separado, aislado. Cuando empezamos a recuperar nuestra unión interna, es cuando comenzamos a religarnos con la Fuente y a recibir la energía de ella. De ese modo, no nos hace mal estar solos. Porque vivenciamos que no hay tal soledad, no hay tal separación. Volvemos a re-unirnos con esa parte nuestra que quedó alejada cuando tomamos nuestro cuerpo físico para encarnar en la Tierra.

Ahora estamos atravesando un momento evolutivo en el que podemos ser más conscientes de esto que nunca antes en la historia de la humanidad, debido a que un gran ciclo evolutivo está cerrando. Por eso, muchos comenzamos a recordar y estamos deseosos de volver a la Fuente. Ese Origen nos está llamando, nos está diciendo al oído que es momento de volver a casa, que debemos preparar nuestro equipaje. Y ¿cuál es ese equipaje?

Ninguno. Ningún equipaje externo es necesario, debemos ir despojados de todo lo superfluo, de todo lo que está fuera de nosotros. El equipaje somos nosotros. Es necesario prepararnos para emprender este viaje. El viaje mismo constituye la preparación para llegar a destino. En este viaje debemos reconstruir todas nuestras piezas; como si fuéramos un rompecabezas desarmado que hay que volver a armar. Rearmándonos alcanzaremos nuestra integridad. Nos transformaremos en seres plenos. Y no volveremos a sentirnos solos.

Llegar a sentir esa Unidad dentro de nosotros puede llevarnos algo de tiempo, perseverancia y voluntad. Es un trabajo que se realiza en soledad, buceando en las profundidades de la propia alma. A veces aparecen maestros guías que nos ayudan a vislumbrar algunas partes del camino y luego nos dejan solos nuevamente. Porque el camino debemos recorrerlo solos. Únicamente de ese modo podremos alcanzar la verdadera comprensión e iluminación.

Un verdadero maestro guía no estará sobre ti cada minuto de tu vida. Sólo te marcará pautas, algunas veces con palabras, otras con su ejemplo y otras con silencio a tus preguntas. No todo se responde con palabras. La tarea personal es descubrir el *maestro interno*, que es quien finalmente será tu guía. El *maestro guía externo* te ayudará a encontrarte con tu maestro guía interno.

Hay un sabio dentro de ti mismo. El maestro guía externo comenzará a despedirse de ti a medida que el maestro interno empiece a surgir en ti mismo. Si él no se despide, deberás hacerlo tú. Despedirse a tiempo para no ligar ataduras dependientes, ni siquiera con un maestro, es otra tarea del camino espiritual.

Seremos recompensados ampliamente al final del camino, pero el mérito debe ser propio para ser válido. Te traerá mucha alegría cada paso que des hacia tu propia recuperación. Es una alegría íntima y personal. Tal vez no la puedas compartir con otros. Pero, íntimamente, celebrarás la unión de todas tus partes.

No podemos partir dejando nuestras partes en este mundo.

Debemos recogerlo todo. Parte de esta tarea comprende también la limpieza del equipaje que somos nosotros mismos. Deshacernos de cargas inútiles que no son más que un estorbo. Lo superfluo resulta a veces una carga pesada de mantener. ¿Para qué ir cargando tanto peso? Liberémonos de lo innecesario. Empecemos por nuestros armarios y cajones, es una manera simbólica y, a la vez, muy útil para empezar a deshacernos de lo que ya no está vigente para nosotros en este momento de nuestras vidas. Soltar cosas materiales que ya no usamos sirve de ensayo, de introducción, para luego soltar viejas conductas, o viejos esquemas mentales, ataduras a las que nosotros mismos nos hemos aferrado a través del tiempo. Conductas o hábitos que es posible que ya no tengan ningún sentido en nuestra vida presente, pero que, sin embargo, repetimos automáticamente, por costumbre o comodidad, o por no saber cómo cambiarlos o por cuáles otros sustituirlos.

Estar solo es encontrarse con esos aspectos de uno mismo que tal vez queremos cambiar o descartar, y no sabemos cómo hacer. Ponerse bajo la protección del Ángel de la Guarda ayuda a enfrentar cambios. Solicitar su guía y protección, brinda confianza.

Tu ángel es parte de tu maestro interno y puede ayudarte a encontrar un maestro guía externo para que te acompañe en tu proceso.

# Los Ángeles en Nuestra Vida Cotidiana

*No temas tener extraños en tu casa,*
*pues de ese modo,*
*algunos han recibido Ángeles*
*sin darse cuenta.*

*(Hebreos 15,2)*

## Etimología de la Palabra "Ángel"

La palabra *"ángel"* proviene del griego —*aggelo* o *angelo*— y significa *"mensajero"*. El latín lo toma como *"angelus"*. Y los hebreos en los textos bíblicos lo llaman *"malak"*, que significa *emisario*.

Los ángeles son los emisarios de Dios, su mismo nombre lo indica. Son, literalmente, *los mensajeros del Creador*.

## La Tarea de los Ángeles

Los ángeles trabajan con nuestras almas, nuestra parte más sutil, con el propósito de ayudarnos a estar más próximos a Dios. Los ángeles elevan nuestra mirada. Nos inducen a contemplar la vida de una manera diferente, conectándonos con la verdad, la belleza y la bondad que existe en todo lo creado. Los ángeles ayudan a que veamos de un modo más positivo todo lo que ocurre a nuestro alrededor. Al invocar a nuestros ángeles y solicitarles cualquier tipo de ayuda, estamos invitando a Dios a entrar en nuestras vidas. De este modo, nuestra tarea se verá santificada, y ocurrirá de la mejor manera para todos.

Los ángeles colaboran con nosotros. Son servidores incansables. A medida que vamos tomando contacto con esta realidad, vamos perdiendo nuestra sensación de soledad y aislamiento. Comenzamos a comprender que no estamos solos y abandonados; sino que existe guía y ayuda alrededor de nosotros. Empezaremos a abrirnos a ese estado de gratitud en el cual los milagros pueden ser posibles.

## El Ángel de la Guarda

*El deseo de ayudarnos que tiene nuestro Ángel de la Guarda es mucho más grande que el que nosotros tenemos de ser ayudados por él.*

San Juan Bosco

Es muy posible que de niños contáramos con nuestro Ángel de la Guarda. Es algo muy común, al menos en nuestra cultura judeocristiana. Muchos de nosotros, seguramente, rezábamos por las noches antes de dormirnos, la oración que nuestros padres, abuelos o algún tío o tía, nos enseñaron; y que dice así:

*Ángel de la Guarda, dulce compañía,*
*no me desampares, ni de noche, ni de día.*
*Si me desamparas, ¿qué será de mí…?*
*Ángel de la Guarda, ruega a Dios por mí.*

Esta sencilla oración era el interludio que anunciaba que nos quedaríamos solos por unas ocho o diez horas, en la oscuridad de la noche. De alguna manera, servía de alivio o consuelo decir esa oración entre dientes antes de dormirse. Al principio, era necesario repetirla junto a quien nos la estaba enseñando, algún adulto que nos guiaba. Pero más adelante, cuando ya la habíamos memorizado, podíamos decirla solos. Cuando la voz de alguna mamá o abuela, recordaba al apagar la luz: "No se olviden de rezar" era, entonces, el momento de pronunciarla.

Algunos niños tienen como compañero de juego un amigo invisible. La "psicología evolutiva" lo llama, "el amigo imaginario". Muchos creemos que se trata del Ángel de la Guarda. Incluso muchas personas lo recuerdan como a un compañero con quien compartían los juegos de su infancia; o bien, quien los consolaba en momentos en que se sentían desolados por alguna situación que los dejaba tristes.

Existen testimonios de personas que recuerdan haber visto a su ángel siendo niños. Algunos no lo contaban (o no lo cuentan) por temor, o "porque la gente no habla de esas cosas". Está aprobado e incluso, bien visto, rezarle al Ángel de la Guarda por las noches; pero no ocurre lo mismo si alguien dice que vio a su Ángel, eso ya no parece tan creíble, y no sería algo "muy serio". Y además, quien se atreviera a contarlo podría recibir algún tipo de reprimenda o comentario de los adultos como: "No seas mentiroso", o "Qué chico fantasioso, siempre inventando cosas", y otros tantos comentarios no muy alentadores.

A pesar de todo ello, el Ángel de la Guarda está siempre junto a nosotros, desde que nacimos. Somos nosotros quienes nos apartamos de él, no él quien se ha olvidado de nosotros. El ángel existe en un plano de conciencia y en un nivel de vibración más elevado que el humano; por eso la mayor parte del tiempo no estamos conscientes de su presencia. Nosotros, los humanos, funcionamos en un nivel más denso, con una vibración más lenta que la de los ángeles, lo cual nos dificulta acceder a ellos en forma consciente.

*"Sed como niños para entrar en el Reino de los Cielos"*, dijo Jesús.

Para los niños es más fácil ver a los ángeles. Ellos se mantienen ligados a la Fuente. Los niños están abiertos al contacto con los reinos superiores. Generalmente este contacto se va perdiendo poco a poco a partir de los siete u ocho años, edad en que el ser humano ya está completamente encarnado en su cuerpo físico, y comienza a insertarse en los ámbitos más prácticos de la vida.

A veces los ángeles se hacen visibles a los ojos de los hombres, para revelar algo. Innumerables relatos bíblicos y otros tantos libros bien documentados, nos hablan de estas revelaciones. Aunque también existen muchos casos que no están escritos en ningún libro o registro, simplemente se mantuvieron secretamente guardados, como un preciado tesoro, en los corazones de quienes los vivenciaron.

Hace unos años regalé a mi hijo, Juan Bautista, una medalla con la imagen del Ángel de la Guarda. Él la usaba colgada de una cadena en su pecho. Una tarde, estando de visita en la casa de un amigo suyo llamado Gabriel, la abuela de este se acercó a mirar la medalla que mi hijo llevaba puesta, y le dijo: *"¡Qué bonita!, es el Ángel de la Guarda"*. Y entonces, le contó:

> *"Una vez vi a mi Ángel. Yo tenía ocho años y estaba durmiendo. Mi madre creía mucho en los ángeles y les pedía que nos protegieran cuando ella salía por algún motivo. Esa noche mi madre había salido por una razón de urgencia familiar y nos había dejado en casa durmiendo, a mi hermana y a mí, al cuidado de los ángeles. De repente me desperté y vi a mi ángel a los pies de mi cama. Era un joven rubio que vestía una túnica blanca. Se veía muy radiante y luminoso. Su presencia irradiaba paz. Sin embargo, me asusté y cerré los ojos. Cuando los volví a abrir, el ángel ya no estaba".*

Existen muchos casos de personas que han tenido contacto con sus ángeles. Conocer estas experiencias es muy reconfortante para quienes han tenido vivencias similares, y también para quienes nunca las han experimentado. Hay libros que recopilan este tipo de vivencias y resultan muy atractivos para quienes están interesados en los ángeles y en todo tipo de misterios.

Los invito a que escriban sus experiencias con Ángeles, y de esta manera se cumplirá un doble propósito. Por un lado, será una maravillosa manera de compartir estas especiales situaciones y, a la vez, será un reconocimiento a todos los ángeles que, silenciosamente, se ocupan de nosotros. Con este y otros propósitos fue creado el *Correo de los Ángeles*.

Muchas personas, aun en su vida adulta, siguen contactadas con su Ángel de la Guarda por medio de aquella simple oración transcripta antes. Y aunque a veces ya no la dicen por las noches, sin embargo, es posible que la enseñen a sus hijos, nietos o sobrinos. Es como si el Ángel Guardián se hubiese vuelto una tradición oral-popular, muy arraigada en nuestra cultura. Pero ¿qué hay detrás de todo eso? ¿Son sólo unos versos que se recitan y enseñan porque sí? ¿De qué nos habla este personaje celestial?

El Ángel de la Guarda es, de todos los personajes celestiales, el más cercano al hombre, es casi parte de él. Tal vez por esto se lo dibuja con aspecto humano, aunque con el agregado de halos y alas que lo diferencian de nosotros en su apariencia. Sin embargo, algunos testimonios hablan de ángeles sin alas ni halos, es decir, que asumen una forma humana para acercarse a nosotros en algunos momentos especiales con el propósito de brindarnos su ayuda o entregarnos algún mensaje.

Conozco de cerca el caso de una persona que estaba en el mar a punto de ahogarse. Alejada de la costa y completamente sola en medio de una fuerte corriente marina, era arrastrada mar adentro. A pesar de sus insistentes esfuerzos por tratar de acercarse a la costa, nadando desesperadamente, se dio cuenta de que eso se hacía cada vez más difícil. Pronto comenzó a sentir cansancio y notó que no lograba nada positivo con su lucha. El mar podía más que su esfuerzo físico. Entonces decidió pedir ayuda. Alzó su brazo y empezó a agitarlo. A pesar de su intento por llamar la atención, nadie parecía verla, y este alzar de manos se volvió un gesto inútil. En un momento sintió que perdía sus fuerzas y que, por el cansancio, su mente se nublaba. Comenzó a "tragar agua". Su respiración estaba muy agitada. Se le dificultaba sostenerse en flotación. El desgaste físico y emocional ya llegaban a su máximo grado. Había luchado fuertemente contra la corriente y ya no podía más. Sintió que sus fuerzas se extinguían. Pensó que se ahogaría si nadie llegaba a rescatarla. Decidió mantenerse a flote en el lugar, y esperar. Pero estaba tan cansada que ni eso le era posible. El corazón le latía intensamente.

De repente "apareció", como de la nada, una persona nadando a su lado. Era un hombre de piel y cabello oscuros. Sus ojos eran negros y expresaban una mirada profunda y serena que brindaba confianza. Se acercó sin decir palabra alguna hasta la persona que, con manotazos desesperados, intentaba mantenerse en flotación y respirar a la vez. Al ver al hombre, se colgó de sus hombros desplomándose sobre él, pero al instante pensó: "No debo hundir a mi salvador, si no, nos iremos los dos al fondo". Acto seguido lo soltó, y ambos se mantuvieron a flote. El hombre no emitió palabra alguna, ni tocó en ningún momento a quien estaba en emergencia. Sólo se mantenía flotando a su lado.

La mujer luchaba con las olas y la corriente, y al ver al hombre tan inmutable le dijo: "De acá no podremos salir, la corriente nos arrastra". A lo que el desconocido hombre respondió con calma y absoluto silencio.

Pasado..., no sabría decir cuánto... (el tiempo no existe y eso queda bien claro en las situaciones extremas como esta en las que resulta imposible determinarlo), aparecieron desde la costa cinco bañeros con sogas y salvavidas haciendo una tarea de salvataje en cadena para lograr contrarrestar la fuerza de la corriente marina que tiraba mar adentro.

Llevaron a la exhausta sobreviviente hasta la orilla del mar, donde permaneció reponiéndose por un largo rato. La joven mujer nunca pudo agradecer al misterioso hombre que la ayudó a resistir hasta que llegara el salvataje. El hombre desapareció. Nadie sabía de él. Ella lo buscó ese día y los días subsiguientes, para agradecerle que se hubiera acercado al verla en peligro. Pero no lo volvió a ver.

¿Quién habría sido ese hombre que se le había aproximado ayudándole con su sola presencia a mantenerse en el lugar, transmitiéndole su misteriosa calma? ¿Tal vez un ángel que acudió en su ayuda, presentándose en forma humana para no impresionar más aún a la asustada persona que se hundía en el mar?

Existen muchos registros de situaciones de este tipo, en las que ante una emergencia aparece algún misterioso salvador que, generalmente, no habla sino que simplemente ayuda. En este relato la ayuda consistió en traer calma y serenidad a esta persona, que si bien era una buena nadadora, había entrado en desesperación, dejándose llevar por su agotamiento en medio de un mar revuelto. La calma que le trajo el misterioso hombre (¿o... ángel?), le permitió resistir hasta la llegada del rescate.

Los ángeles acuden a nosotros manifestándose de diversas maneras. A veces, ayudándonos a encontrar el libro que necesitamos para ese momento especial que estamos atravesando. Por ejemplo, impulsándonos a tomar un libro determinado en una librería o en la casa de algún amigo, sin saber por qué.

A veces los ángeles pueden manifestarse en una charla ocasional que tenemos con alguien desconocido, puede ser en la cola del banco o en cualquier otro lugar. El "extraño" podría revelarnos en sus palabras, sin saberlo, algo que estábamos necesitando oír en ese momento. Otras veces sucede que el consejo que damos a otro, es en realidad el que estamos necesitando nosotros mismos. Y este consejo, que parece nuestro, puede ser un mensaje que algún ángel nos sopló al oído.

A medida que empezamos a ser más conscientes de nuestra conexión con el Reino de los Ángeles, estos mensajes comienzan a volverse más claros y evidentes. Empiezan a surgir en cualquier momento del día. Ser conscientes de la presencia de los ángeles en nuestra vida, activa una fuerza que comienza a operar en nosotros y que nos mantiene conectados con nuestra divinidad, no sólo cuando meditamos o hacemos algún trabajo espiritual, sino en todo momento.

Meditar con frecuencia ayuda a sostener la calma. Ser pacientes. Darse tiempo y dar tiempo a los otros. Liberar la ansiedad de querer hacer y obtener todo ya. La serenidad nos mantiene más cerca del Reino de los Ángeles.

# Entrando en los Mundos Invisibles

## ✳ Respirar y meditar para acercarnos a los ángeles

Los ejercicios de meditación son de gran utilidad antes de iniciar cualquier tipo de contacto con los ángeles, ya sea para consultarlos y pedirles aclaración en una decisión a tomar, como para cualquier otra acción a desarrollar. La meditación profunda consigue alinear nuestras energías con las energías cósmicas o divinas, elevando nuestra vibración a un plano más sutil.

Los ángeles habitan un plano de la realidad que es invisible para nosotros. Viven en un mundo sutil. Los ángeles vibran en una frecuencia muy elevada, vale decir, muy rápida. En cambio nosotros, los humanos, vibramos en una frecuencia mucho más lenta. Nuestro mundo es más denso. La materia es más sólida en nuestro mundo tridimensional, a diferencia de lo que ocurre en el Reino de los Ángeles, donde todo es más volátil.

Los ángeles viven en una dimensión distinta a la nuestra, por eso no los vemos. Sin embargo, ellos están ahí. Algunas raras veces se hacen visibles a los ojos humanos, pero sólo por breves instantes. Hacerse visibles requiere para ellos un trabajo especial. Los ángeles necesitan cambiar de vibración para entrar en nuestra dimensión y hacer posible que los veamos. Nuestro mundo humano es muy pesado y lento para ellos.

Hay leyes en nuestro mundo que no rigen en el mundo de los ángeles. Por ejemplo: la ley de gravedad. La gravedad opera en nuestro mundo, no así en los mundos invisibles de los ángeles. La densidad de los cuerpos es lo que hace posible la gravedad. Al tener cuerpos sutiles, los ángeles no se rigen por esta ley.

Cuando entramos en estado de meditación profunda, sentimos como si flotáramos. Esa sensación de liviandad es señal de que nos estamos aproximando al mundo invisible de los ángeles. Al notarlo,

los ángeles disminuyen su vibración para acercarse a nosotros. De
esta manera, entre ambos se construye un puente sutil, se abre un
portal que permite el contacto entre el ángel y el ser humano, y de
ese modo, ambos se aproximan más a Dios.

Queda así aclarado que para hacer contacto con el ángel es
necesario salir de la frecuencia más densa que nos envuelve ha-
bitualmente y en la que funcionamos durante nuestras tareas cotidianas. Al salir de esa frecuencia más densa y elevarnos a través
de la meditación, alcanzamos la vibración de los ángeles. Además,
es muy importante meditar para alinear las energías. Al meditar diariamente mantenemos nuestras energías en un equilibrio bastante
estable. Esta constante ejercitación de la meditación irá elevando
nuestro nivel vibratorio cada vez más, permitiendo mantenernos en
un estado de alineación permanente, que a su vez se irá sutilizando
día a día. Sin embargo, si por alguna razón sentimos haber perdido
este equilibrio interno, y nos sentimos apartados de nuestra fuente
equilibradora de energía, podemos retornar fácilmente, conectándonos de nuevo con el fluir del ritmo respiratorio.

Al conectarnos en forma consciente con nuestra respiración,
estamos ayudándonos a equilibrar nuestras energías. Cerrar suavemente los ojos y sentir el aire que entra y sale por nuestro cuerpo,
nos reconecta con la Fuente de Energía Universal. No es necesario
realizar ningún tipo de esfuerzo. Sólo estar atentos a la respiración,
siguiendo su recorrido con la conciencia. Notaremos que la respiración se irá haciendo cada vez más suave, hasta volverse casi imperceptible, sin necesidad de hacer esfuerzo alguno.

La toma de conciencia de la propia respiración lleva, poco a
poco, a un estado rítmico interno en el que los tiempos de inhalación
y exhalación se van haciendo prácticamente iguales en intensidad
y duración, produciendo un balance de todos los niveles en los que
funcionamos: físico, emocional, mental y espiritual.

En un estado de equilibrio, y si nos mantenemos conectados
con la Fuente, nuestra energía no se agota, sino que se recarga en
forma continua. No es necesario hacer esfuerzos, ellos no ayudan a
estos fines; al contrario, nos ponen tensos impidiendo la relajación,
la cual es el paso previo e indispensable para entrar en estado de
meditación.

## Los Cuatro Cuerpos

*Cuando descubrimos que nuestra esencia es única e inmutable, que nuestro yo es lo que siempre ha sido por la gracia de Dios, llegamos a ser nuestro yo espiritual.*

*Anthony de Mello*

La mayoría de las personas es consciente de tener un cuerpo físico. Y también, la mayoría de las personas cree que es sólo eso. Se miran al espejo y dicen: "Ese soy yo", lo cual es correcto, aunque incompleto, porque esa imagen reflejada en el espejo sólo constituye una parte de lo que somos. En realidad, somos mucho más que nuestro cuerpo físico visible.

Tenemos básicamente *cuatro cuerpos* que funcionan de manera simultánea. Pero sólo somos conscientes de uno de ellos, *el cuerpo físico*. En general, la conciencia humana se limita al mundo material, se identifica con aquello que ve o toca. Sin embargo, están ocurriendo cambios.

Debido a que la conciencia de la humanidad se está expandiendo a pasos agigantados, se hace posible que un número cada vez mayor de personas vaya descubriendo que son mucho más que su cuerpo físico. Tener mayor conciencia de quienes somos en realidad, nos va ayudando a salir, poco a poco, del mundo de ilusión en el que estamos inmersos desde hace tantos miles de años.

El ser humano es un ser *multidimensional*. Es decir, un ser mucho más vasto de lo que podría suponerse a simple vista. Por empezar, como ya dijimos, tenemos cuatro cuerpos básicos que componen una totalidad. Si estos cuatro cuerpos están equilibrados y funcionan en sincronía, el resultado visible es: la salud.

Para poder comprender más claramente cómo es esto de los cuatro cuerpos en los que funcionamos, reproduciremos un sencillo esquema que vi usar a la Dra. Elisabeth Kübler Ross (estudiosa de los estadios que el hombre atraviesa en la llamada "muerte"), y que presentó en una conferencia dictada en el aula magna de la Facultad de Medicina de Buenos Aires, ante una multitud de asistentes, hace unos años. Este simple gráfico representa al ser humano como un círculo dividido en cuatro cuartos, que representan a los cuatro cuerpos. Cada cuerpo o aspecto, tiene igual valor en nuestras vidas, no hay uno más importante que otro. El círculo que los encierra, representa la unidad que somos. Este sencillo gráfico nos permite vernos de otro modo. Es otra manera de aproximarnos a nosotros mismos.

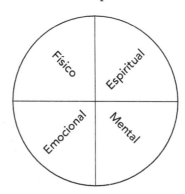

Este es un esquema del ser humano desde una perspectiva holística e integradora. Tenemos *un cuerpo físico, un cuerpo emocional, un cuerpo mental y un cuerpo espiritual.* Somos esos cuatro aspectos; pero, a la vez, somos una unidad.

Esos cuatro cuerpos que nos conforman deben mantenerse en equilibrio, balanceados y armónicos, lo cual no es tarea sencilla. Atender los cuatro aspectos equivale a prevenir que se presenten trastornos en nuestras vidas, como malestares físicos o enfermedades. El alto nivel de estrés al que estamos sometidos en las sociedades en que vivimos, origina disturbios emocionales y psíquicos debido a la gran tensión que causa la competencia, el alto nivel de exigencia y el exceso de materialismo. Estos disturbios afectan a todos nuestros cuerpos: emocional, mental, espiritual y físico. Los disturbios van vibrando de un cuerpo en otro, pasando por los cuatro.

Por ejemplo, el origen de un desorden físico puede provenir del cuerpo mental o emocional. Una mala noticia provoca un sobresalto general en nuestro organismo. Las emociones sacuden nuestra química. Nuestros músculos se tensan. Nuestra mente se acelera o se nubla, se producen altibajos. La respuesta puede ser el miedo. El miedo se manifiesta como emoción que provoca a la vez síntomas físicos: palpitaciones, sudor, palidez, diarreas, desmayos, y otros muchos más. Si el miedo pasa, el cuerpo pronto recupera su equilibrio inicial. Pero no siempre es tan simple. Muchas veces las situaciones de estrés se prolongan indefinidamente, y las personas se acostumbran a convivir con ellas. Y esto puede acarrear problemas serios. El desorden químico va estancando el flujo normal de la energía que nos sostiene. El sistema inmunológico comienza a debilitarse. Entonces podemos enfermar, o tener malestares crónicos o recurrentes.

Las enfermedades nacen más allá del cuerpo físico, en el plano mental, emocional y espiritual; pero creo que el más expuesto es el cuerpo emocional. Los desequilibrios iniciales pueden ser atendidos adecuadamente, desde su primer momento. Pero cuando los síntomas ya están en el cuerpo físico, en forma de enfermedades, se hace más difícil tratar los disturbios, por estar estos condensados en materia más densa.

Es muy importante comenzar a enseñar a nuestros niños que somos cuatro aspectos formando un todo. Al haber más conciencia del ser, se produce mayor comprensión de uno mismo, lo cual favorece la armonía interna. De este modo, estos nuevos niños irán creciendo con otra concepción más integrada de sí mismos. De lo cual devendrá, progresivamente, el advenimiento de una sociedad más equilibrada y más consciente.

Estos cambios son posibles, y son responsabilidad de todos. Si elegiste leer este libro, eres uno de los responsables en hacer este cambio. No es casual que este libro esté ahora mismo en tus manos, por alguna razón (o por varias) llegó hasta ti. Una de esas razones puede ser: colaborar en la creación de una humanidad más sana y equilibrada. ¿Y esto cómo se hace? Empezando por uno mismo.

Integrar y balancear los cuatro cuerpos: físico, emocional, mental y espiritual, es un paso primordial. De este equilibrio proviene lo que llamamos "Salud".

Aprender a conocernos más. Comenzar a descubrir quiénes somos en realidad, sin dejarnos engañar por las apariencias.

Ya sabemos que no somos únicamente el cuerpo físico que vemos en el espejo, como tampoco los demás son sólo lo que nos muestran con su apariencia visible. Hay mucho más detrás de todo eso. Somos mucho más de lo que parecemos a simple vista.

Si empezamos a estar más atentos a todos nuestros aspectos, a todas nuestras necesidades, el resultado será: estar más equilibrados, más armónicos, más sanos, más felices. De esto se trata Vivir.

El despertar consciente de todas las partes y partículas que nos conforman como uno, comenzará a activarse, paulatinamente, a través del contacto fluido con el Ángel que nos guía. La práctica de la meditación y la contemplación eleva nuestras vibraciones, alinea nuestras energías y facilita la tarea de integrar y percibir la totalidad de nuestro ser. Es aconsejable la práctica diaria de la meditación para mantener en balance el equilibrio de nuestros cuatro cuerpos.

Los cuatro cuerpos están interconectados energéticamente por finas fibras que actúan como transmisores. Estos transmisores pasan la información de un cuerpo al otro. De este modo, se entreteje la trama. Cuando hay un desorden emocional que provoca, por ejemplo: enojo o ira, las fibras transmisoras emiten "chispas" —o intensas descargas—, hacia los otros cuerpos. La energía sale de su flujo normal, se desbalancea. Entonces nos sentimos mal, aparece dolor, malestar. La persona pierde el equilibrio, se desarmoniza.

La energía que corre por nuestro cuerpo ha sido estudiada por las antiguas tradiciones de la humanidad. Esta energía proviene de una misma Fuente Universal. Los hindúes denominaron a esta energía *prana*; *los* japoneses, *ki*; *los* chinos, *chi*. En el mundo occidental es conocida como *"energía cósmica"* o *"energía universal"*. Existen variadas técnicas y disciplinas que trabajan con esta energía en beneficio de la salud. Por ejemplo, el *Tai-Chi*, antigua práctica de ejercicios corporales, suaves y armónicos, que producen un balance de la energía —Chi— que fluye por el cuerpo. Y el *Reiki*, técnica de sanación natural, por la cual el sanador transmite energía, o *Ki*, a través de sus manos, a otra persona, con el fin de balancear sus energías. El *Reiki* es parecido a la práctica de imposición de las manos.

Actualmente muchas personas están utilizando estas antiguas disciplinas y técnicas para liberar su estrés y balancear sus emociones. Trabajar con nuestra energía en forma consciente nos llevará a alcanzar armonía y equilibrio, por lo tanto: salud.

Conocer nuestros centros de energía, llamados *chakras*, puede servirnos de ayuda para ejercitar estas prácticas, incluyendo la meditación.

A continuación explicaremos en forma sencilla la organización de la energía en nuestro cuerpo, la distribución de los centros de energía —o *chakras*— y su conexión con el aura.

## Los Chakras y el Aura

La palabra *"chakra"* proviene de una antigua lengua —el sánscrito—, y su significado es: *"rueda"*. Se los llamó "chakras", porque giran como ruedas, siguiendo el sentido de las agujas del reloj.

Los *chakras* son centros de energía que conforman nuestra anatomía etérica. Si bien no son vistos con la visión normal, algunas personas clarividentes pueden percibirlos tanto en su forma, como en su movimiento y coloración. El movimiento, forma y color de los *chakras* nos ayuda a diagnosticar su funcionamiento, fluido o bloqueado.

El alineamiento y armonía en el funcionamiento de los *chakras* da por resultado: buena salud. Tomamos el término "salud" como un equilibrio entre los planos físico, mental, emocional y espiritual. La armonía o desarmonía en los hechos y conductas de nuestra vida cotidiana nos revelan el estado en que nuestras vidas se encuentran. También nos revelan el estado en que nuestros *chakras* se encuentran.

Cada *chakra* tiene un nivel de vibración propio. Sabiendo que los colores son vibraciones, comprenderemos fácilmente que *los chakras* sean visualizados o percibidos como colores. Cada chakra vibra en sintonía con su color correspondiente. De la misma manera, se corresponden con las siete notas musicales, de acuerdo con su vibración.

Los *chakras* nutren de energía nuestro cuerpo físico. Están dentro y fuera de nuestro cuerpo. Lo interpenetran, interaccionan con él, formando una especie de entretejido energético. De ahí que exista una correspondencia entre los *chakras* y las glándulas y órganos de nuestro cuerpo físico.

Muchos sanadores trabajan armonizando y alineando los *chakras*, lo cual produce un balance energético que mejora el estado general de la persona, tanto en el plano emocional como en el mental, espiritual y físico, dentro de una concepción holística.

Los *chakras* forman parte de nuestro *campo magnético o "aura"*: El *aura* es el campo magnético que nos rodea y que nos interpenetra sutilmente. El aura es nuestra energía. En el aura podemos "ver" cómo se comporta nuestra energía. El aura dice mucho acerca de nosotros. Nos describe sutilmente. El aura está en permanente vibración. La vibración del aura varía de acuerdo a cómo nos sintamos; por lo tanto, no es estable y permanente, sino que puede variar, del mismo modo en que varían nuestros estados emocionales.

El aura nos dice mucho acerca de las personas. Es como una radiografía del estado de sus emociones, pensamientos, sentimientos, espiritualidad e, incluso, de su estado físico. Así, por ejemplo, si una persona está muy enojada, con un ataque de furia, el color de su aura se verá diferente que si la persona está calma y disfrutando de un momento apacible. De la misma manera, si una persona está angustiada, el color de su aura lo manifestará debido a que su vibración se vuelve más lenta y densa. Por el contrario, la vibración de una persona que está verdaderamente en paz y felicidad internas, tendrá un movimiento vibracional áurico más acelerado, y por lo tanto, más vibrante y lumínico.

Por esto, si bien los *chakras* o centros de energía se describen cada uno con un color propio, no significa que todas las personas los tengan tal como el modelo descripto. Todo dependerá del estado en que se encuentre la persona.

Los *chakras* centrales o principales son siete, según la tradicional bibliografía sobre el tema. Sin embargo, hay autores que ya hablan de la aparición de un octavo chakra, que sería, en realidad, el desdoblamiento de uno de los siete. Este nuevo chakra tendría que ver con el nivel evolutivo que, como especie humana, estamos comenzando a desarrollar.

Los *siete chakras* están ubicados en forma alineada vertical: el primero, en la base de nuestra columna vertebral; el último, en lo más alto de nuestra cabeza.

## ✳ Chakra 1

Al primer chakra se lo llama *"Chakra Raíz"* o *"Base"*, y está ubicado en la zona del sacro. Tiene que ver con todo lo que nos relaciona concretamente con la Tierra, con este mundo en que vivimos. Nos conecta con el sentido práctico y material; por eso también se lo llama chakra de la "Supervivencia". Está relacionado con nuestra seguridad, protección, sostén, sustento, soporte, base. Este primer chakra vibra en el color Rojo y está asociado —en un plano físico— con nuestro aparato digestivo.

Es muy importante que este chakra esté funcionando bien, es decir, equilibrado y balanceado, para que a la persona le sea posible desempeñarse sin mayores dificultades en la vida en un sentido práctico y material. Estar bien anclado a Tierra quiere decir estar conectado con esta dimensión, con nuestro planeta, con la supervivencia. Tener resuelto el plano físico básico facilita la tarea de cumplir con nuestras misiones personales. Buenas raíces permiten desplegar las alas. Sin un buen soporte básico no podemos mantenernos en pie, no podemos realizar.

## ✳ Chakra 2

Al segundo chakra, ascendiendo verticalmente, se lo llama *"Chakra Sexual"*. Está ubicado en la zona entre el Chakra Raíz y el ombligo, y tiene que ver con la creación en todos los niveles, incluyendo la conservación de la especie humana, la continuidad de la vida, la sexualidad, sensualidad e intimidad. Esta energía pulsa en el color Naranja y está asociada —en nuestro cuerpo físico— al funcionamiento de las glándulas y órganos sexuales.

## ✳ Chakra 3

El tercer chakra está ubicado un poco más arriba del ombligo, y se lo llama *"Chakra del Plexo Solar"*. Está relacionado con nuestras emociones y vibra en el color Amarillo. Cada vez que sentimos una fuerte emoción es posible que sintamos cómo se contrae la zona del plexo solar. Esto está íntimamente relacionado con este chakra que, a su vez, está interconectado con nuestro cuerpo emocional. El poder, el control, la ejecución y la autoimagen también tienen que ver con este chakra. En un plano psíquico, esta energía nos hace receptivos a las vibraciones de otras personas. Y en un plano físico, el chakra del Plexo Solar está asociado al funcionamiento de las glándulas adrenales y el aparato digestivo.

## ✳ Chakra 4

El cuarto chakra está en el centro del pecho, en el lugar entre las dos tetillas. Este es el *"Chakra del Corazón"* y su vibración corresponde al color Verde. Tiene que ver con el Amor en todos los niveles: la compasión, el perdón, la aceptación, la entrega; tanto hacia uno mismo como hacia los demás. También incluye al Amor Incondicional que es la forma de amor más elevado y hacia el que todos tendemos como especie humana en un camino evolutivo ascendente. Cuando se despierta este otro tipo de Amor, que ya no es a un nivel personal —de pertenencia—, sino transpersonal, Incondicional, de entrega, es entonces cuando comienza a germinar dentro de nosotros la semilla que desde el comienzo de los tiempos fue sembrada allí por el Gran Creador de Todo lo que Es. Este es el Amor Universal. El amor que se manifiesta en la aceptación de la diversidad, de las diferencias. Y que nos lleva a una integración como Humanidad a nivel planetario, sin diferenciación de razas, fronteras o ideologías.

Es a través del *chakra del corazón* que todos podemos ser Uno con el Uno. Para obtener este logro hay que trabajar interiormente —en primer lugar— con el fin de derribar las compuertas de la separación. El camino para lograrlo es el autoconocimiento y la autoaceptación. De allí vendrá, paso a paso, todo lo demás. Para activar plenamente tu chakra del corazón, vale decir: tu *corazón crístico*, pasarás por varias etapas. Atravesarás un proceso en el que irás recibiendo guía de los ángeles —si es que se la solicitas—, para lo cual este Oráculo te servirá de gran ayuda.

El *chakra del corazón* nos abre a la posibilidad de transformar e integrar todo nuestro ser a través de su energía. Es el chakra central. En el *chakra del corazón* se integran las energías de los tres chakras inferiores (Raíz, Sexual y Plexo Solar) con las energías de los chakras superiores que luego expondremos.

En un plano físico, el *chakra del corazón*, también llamado cardíaco, se relaciona con el funcionamiento del aparato circulatorio y del corazón propiamente dicho. En un plano psíquico nos permite sintonizar la empatía hacia los demás.

Según algunas canalizaciones recibidas últimamente, el *chakra del corazón* está engendrando la activación de un nuevo chakra: el del *Timo*, o sea el del Amor Universal, que comprende a toda la humanidad, y que vibra en el color Aguamarina. Está ubicado entre el *chakra del corazón* y el siguiente, que es el de la garganta. En este caso, el chakra del timo se conectaría en un nivel físico con la glándula del timo y el sistema inmunitario. Y en un plano psíquico con la posibilidad de la telepatía.

## ✳ Chakra 5

El quinto chakra es el *"Chakra de la Garganta"* y está ubicado en esa zona propiamente dicha. Su vibración corresponde a la del color Azul. Tiene que ver con la comunicación en todos los niveles, tanto en el hablar como en el escuchar; tanto a nivel humano como a nivel celestial. Es a través de este chakra que nos abrimos a la comunicación con los ángeles y con todo lo creado. En el nivel físico, el *chakra de la garganta* se asocia al funcionamiento de la glándula tiroides, la garganta y los oídos. Y en el plano psíquico se relaciona con la capacidad de clariaudiencia.

## ✳ Chakra 6

El sexto chakra es el *"Chakra del Tercer Ojo"* y está ubicado siguiendo la línea del entrecejo, en el medio de la frente. Vibra en el color índigo (un azul púrpura-violáceo). El Tercer Ojo nos conecta con la posibilidad de la sabiduría, el discernimiento, la visión espiritual. En el plano de nuestro cuerpo físico está asociado con el funcionamiento de la glándula pineal, el cerebro y la mente. En el plano psíquico está relacionado con la capacidad de clarividencia.

Desde el Tercer Ojo proyectamos nuestras ideas, las imaginamos, y les damos forma para que luego sean materializadas en la tercera dimensión. Este chakra tiene que ver con nuestro cuerpo mental, con nuestros pensamientos. De esto se desprende el cuidado que debemos tener con lo que pensamos, ya que: la energía sigue al pensamiento. Lo que estemos pensando se volverá un decreto para nosotros. Los pensamientos los proyectamos a través del tercer ojo y desde allí se materializan en el mundo, en eso que llamamos: "la realidad". No es lo mismo pensar: "Esto se resolverá pronto. Confío en que existe una solución acertada y para eso me pongo a trabajar ya mismo", que: "Siempre me pasa lo mismo. Tengo mala suerte. Nunca salgo bien parado de las dificultades". Son dos maneras distintas de enfrentar la vida, una es desde la acción y la autoconfianza; y la otra desde el sentimiento de víctima y queja. La elección la hacemos nosotros, ¿víctimas o protagonistas?

## ✳ Chakra 7

El séptimo chakra es el *"Chakra Coronario"* o de la "Coronilla". Está ubicado en lo más alto de la cabeza e irradia su energía hacia arriba. La vibración sintoniza con el color blanco-violáceo, es un Violeta luminoso. El *chakra coronario* nos conecta con nuestra espiritualidad, con lo divino que hay en nosotros, con lo cósmico. Este centro de energía nos mantiene unidos a nuestra esencia divina, a nuestro Yo Superior. Me encanta imaginarlo tomando la metáfora del "cordón umbilical". El *chakra coronario* es como un cordón que nos mantiene ligados al cielo, a lo más elevado, a Dios.

A través de este chakra recibimos energía divina que entra en nosotros si el chakra está libre, activado, despejado de obstrucciones, vale decir: alineado. En el plano físico, el *chakra coronario* se relaciona con nuestra glándula pituitaria y con toda la energía de nuestro cuerpo. Y en un plano psíquico nos conecta con la Conciencia Cósmica.

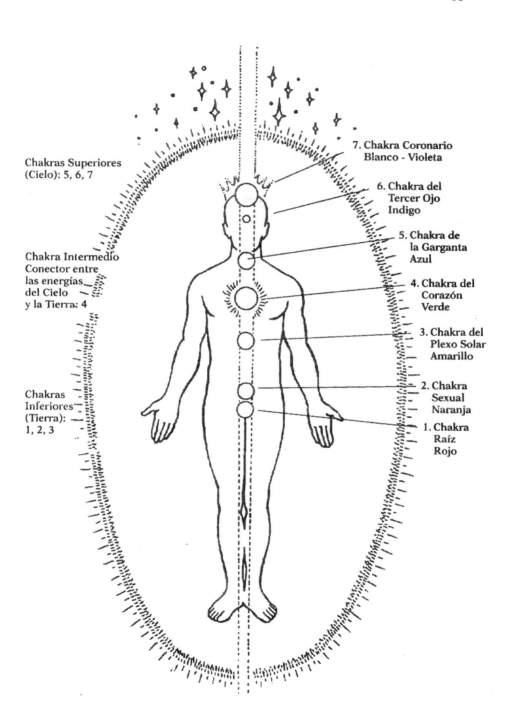

Chakras Superiores
(Cielo): 5, 6, 7

Chakra Intermedio
Conector entre
las energías
del Cielo
y la Tierra: 4

Chakras
Inferiores
(Tierra):
1, 2, 3

7. Chakra Coronario
Blanco - Violeta

6. Chakra del
Tercer Ojo
Indigo

5. Chakra de
la Garganta
Azul

4. Chakra del
Corazón
Verde

3. Chakra del
Plexo Solar
Amarillo

2. Chakra
Sexual
Naranja

1. Chakra
Raíz
Rojo

## Cómo Encontrarnos
## con Nuestro Ángel Guardián

El ángel nos llega cuando estamos esperándolo, cuando anhelamos recibirlo. No es más que sentir su proximidad, ya que él siempre está ahí. Darle permiso para que entre en nuestras vidas. Recibirlo con una bienvenida y dejarnos envolver en sus alas.

A veces también ocurre que el ángel nos golpea la puerta y nosotros no oímos, o no lo dejamos entrar. Hay personas que quedan atrapadas en el mundo material, y creen que lo único que existe es lo que se ve; no confían en otros mundos. Sin embargo, aunque los ángeles no se ven, existen.

Nuestro Ángel Custodio es nuestro guía interior, es quien nos orienta en lo más conveniente para nuestro desarrollo individual y nos ayuda a seguir el propio camino evolutivo, del que muchas veces nos apartamos por no escuchar esa guía interior.

Nuestro Ángel Guardián se comunica muchas veces con nosotros, a través de la intuición. Esos "pálpitos" que tenemos de vez en cuando, que nos hacen decidir esto en lugar de lo otro, y a los cuales no siempre hacemos caso, son una manifestación de la intuición.

Cuando no obedecemos los dictados de nuestra intuición, generalmente, nos arrepentimos luego. "¡Ay! Si hubiera hecho caso a esa primera intuición..., pero, no, luego reflexioné y cambié de idea...". Eso que llamamos "reflexión" nos aleja muchas veces de nuestro verdadero camino. Es una manera de pensamiento racional y lógico que no siempre resulta ser el acertado para nosotros en ese momento. Puede ser una trampa para distraernos del verdadero camino. Por eso estemos atentos: no todo lo que creemos bueno para nosotros lo es. "No todo lo que brilla es oro". Usemos nuestra intuición, pidamos consejo a nuestro ángel, y la respuesta acertada llegará. ¡Ojo! A veces la respuesta acertada no es la que a nosotros nos gustaría en ese momento o circunstancia, pero seguramente a la larga descubriremos su conveniencia.

## Los Otros Ángeles

*Millones de criaturas espirituales*
*caminan sobre la Tierra sin ser vistas,*
*tanto cuando estamos despiertos,*
*como cuando estamos dormidos.*

*John Milton, Paraíso Perdido, IV*

Hay muchos ángeles que están a nuestro alrededor para servirnos, para ayudarnos, para aconsejarnos, para consolarnos. Solamente están esperando que acudamos a ellos, que se lo pidamos, para así poder intervenir. Ellos respetan nuestra libertad y no pueden actuar en nuestras vidas si no se lo pedimos expresamente, salvo en especiales ocasiones en las que por razones propias del ciclo evolutivo particular de la persona, se hace indispensable y necesario que ellos intervengan. Pero lo habitual es que los ángeles acudan a nuestro sincero y amoroso llamado.

Hay muchas maneras de convocar la presencia de los ángeles y todas tienen un factor común: *el aquietamiento interior*. Necesitamos un silencio interno, un espacio al que el ángel pueda arribar. Si nuestra mente está ocupada con pensamientos incesantes que no podemos detener, no daremos cabida a la voz de los ángeles. Por eso, es indispensable la práctica del silencio. No sólo del silencio exterior, sino del silencio interior. Si vivimos aturdidos no podremos enterarnos de nada, al menos de nada que sea de verdadera importancia para nosotros. El aturdimiento nos aleja de nuestro propio bienestar y armonía. Por el contrario, el aquietamiento interior traerá armonía en nuestro entorno (familia, amigos, compañeros de trabajo, etc.). *"Tal como es afuera, es adentro"*. Vemos a nuestro alrededor, lo que llevamos dentro. Lo que somos es lo que vemos. Si nuestro estado interno es caótico, no veremos más que caos en todo lo que nos rodea (país, trabajo, familia, etc.).

Todo empieza "por casa". *"Ama a tu prójimo como a ti mismo"*. Si nuestro mundo interno está desordenado, no haremos más que andar llevando desorden a todo lugar donde vayamos. Si estamos temerosos, llevaremos temor a los otros. Si estamos nerviosos, pondremos a todos los que estén a nuestro alrededor nerviosos. Por eso es de vital importancia comenzar a ocuparse de uno mismo en primer término. *"... lo demás os será dado por añadidura"*. Si estamos en paz y armonía, todo a nuestro alrededor comenzará a vibrar en esa misma sintonía. *"Lo semejante atrae a lo semejante"*. *"Dios los cría y ellos se juntan"*.

A veces, el desorden y el caos pueden ser señales para que nos apartemos de algo o de alguien. También pueden decirnos que no estamos ubicados en el lugar adecuado. Pero, en general, el desorden y el caos a nuestro alrededor anuncian la necesidad de realizar ciertos cambios internos. Situaciones o confrontaciones, que requieren coraje y decisión para ejecutarse. Cortar e iniciar nuevamente. Son desvíos necesarios y voluntarios. Sirven como crecimiento y despegue personal, y muchas veces tienen que ver con aprender el *desapego*.

# El Desapego

## Liberándonos, Liberamos a los Demás

*El que tiene apego a su vida la perderá;*
*y el que no está apegado a su vida en este mundo,*
*la conservará para la Vida eterna.*

*Evangelio de San Juan (Cap. 12,25)*

El *desapego* no es desamor. El desapego es sostener nuestra libertad, permitiendo, también, ser libres a quienes amamos. El desapego no es abandono, por el contrario, es un acto de amor incondicional. Quien ama verdaderamente, deja libre al otro.

Hay ciertos lazos que atan, privando la libertad, y por lo tanto, impiden a las personas su evolución como almas. El desapego es no quedar ligado a las cosas materiales de la vida, sean estas un trabajo, una relación, una ciudad, una situación cualquiera.

Jesús habló a los hombres acerca del desapego, como vimos en la transcripción de la cita del evangelio de Juan encabezando este texto. En el evangelio de Lucas también se hace referencia a las palabras de Jesús al respecto:

*"Les aseguro que el que haya dejado casa, mujer, herma-*
*nos, padres o hijos, por el Reino de Dios, recibirá mucho*
*más en este mundo; y en el mundo futuro, recibirá la Vida*
*eterna".*

*(Lucas 18,29)*

En el libro de Mateo encontramos estas palabras de Jesús:

*"Si quieres ser perfecto, ve, vende todo lo que tienes y dalo
a los pobres: así tendrás un tesoro en el cielo. Después, ven
y sígueme".*

*(Mateo 19,21)*

Con esas palabras respondió Jesús a un hombre rico que se le
acercó para preguntarle qué obras buenas debía hacer para alcanzar la Vida eterna. La respuesta de Jesús obviamente se refiere al
desapego.

El desapego no significa que todos seamos pobres y des-
amorados. Que abandonemos a nuestras familias y nos quedemos
sin casas. Por el contrario, Dios quiere lo mejor para sus hijos. La
abundancia existe en el universo para todos. Dios es Amor y Riqueza
en Él mismo.

Sin embargo, algunos hombres se dedican en sus vidas a aca-
parar pertenencias y afectos. Tomando posesión de bienes y personas. Sean estas hijos, pareja o cualquier otro tipo de vínculo. Esta
posesividad y control es lo que se llama *apego a las cosas materiales*
de este mundo. Y muchas veces este control y posesividad se hace
tan excesivo, que la persona no puede mirar si no es detrás de este
cristal. Es decir, todo lo que ve es mirado con los ojos calculadores de
la materia y la conveniencia.

Detrás de esta posesividad, de objetos o personas, se anidan
generalmente el temor y la desconfianza, ambas características que
alejan del Amor divino. El amor y la confianza acercan a Dios y no lo
contrario. Cuando Jesús le dice al hombre rico que venda sus cosas y
deje a su familia para seguirlo, le está proponiendo que se cuestione
su actitud ante la vida. Le hace tomar conciencia de cuáles son sus
soportes. Le hace viajar dentro de sí mismo para que vea dónde radica su fuerza. ¿Dentro o fuera de él?

A continuación te propongo la siguiente autorreflexión: *¿Me
estoy apoyando en mi riqueza material, en mis familiares, amigos o en
mi propia riqueza interior?*

El desapego nos propone muchas veces grandes cambios en
nuestras vidas. Nos trae una amplia recompensa: ascender hacia la
luz de Dios.

A veces es necesario decir "Basta" y hacer un corte en una etapa
de la vida, porque de otra manera quedaríamos estancados, sin poder

continuar nuestro proceso evolutivo personal. El despego no es fácil. Es otra manera de aprender que somos más que un mero cuerpo físico. Es una manera de darnos cuenta de que también existimos en otros planos más sutiles, a los que, poco a poco, iremos comprendiendo a medida que progresemos en nuestro autoconocimiento.

El desapego se puede aprender de diferentes maneras, pero una de las más frecuentes e ineludibles es la muerte de un ser querido. Sin embargo, no todos pueden lograr realizar este aprendizaje por medio de esta circunstancia. Lo que llamamos "muerte" nos permite iniciarnos en los caminos del desapego. No podemos ver al ser querido, y el hecho de que este siga existiendo en otro plano, hace que desarrollemos un estadio de amor diferente. Podríamos hablar de amor incondicional, por ser un amor en el que no contamos con el otro físicamente, pero sin embargo, seguimos sintiendo su "viva" presencia y compañía.

El amor incondicional se desarrolla con el desapego. No es "querer", sino "amar". "Yo te quiero" expresa pertenencia, sentido de propiedad, control; por lo tanto, apego. El Amor va más allá, no tiene fronteras, es impersonal, es por el bien y la felicidad del otro, no por el propio bienestar. Esa es la verdadera entrega. Para poder dar, hay que estar muy entero y muy conectado a la Fuente.

A veces es desgarrante sentir el desprendimiento del otro. Este corte es vivido, la mayoría de las veces, como un gran sufrimiento, nos remueve emociones, situaciones de abandono. Aprender que el desapego no es abandonar ni ser abandonados, lleva su tiempo. Todo aprendizaje requiere un proceso. Los cambios internos no se logran por decreto.

Los ángeles pueden ayudarnos a cicatrizar los desgarros de nuestro cuerpo emocional. El desapego desata lazos, corta cordones que nos mantienen atados a viejas situaciones que no nos permitían avanzar. Cortando amarras nos liberamos, navegamos por el sendero de la propia vida, con total libertad, hacia el próximo destino.

Aprender el desapego mientras vivimos, nos permitirá, entre otras cosas, hacer un pasaje más fácil cuando abandonemos nuestro cuerpo físico para pasar a otro tipo de vida.

Hay muchas personas que, luego de desaparecidas del plano físico, no pueden pasar al otro plano, quedan atrapadas en un lugar intermedio, que no es estar ni aquí ni allá. La tradición las llama *"almas errantes".* Estas almas desencarnadas no se dan cuenta de que han "muerto", y quieren seguir participando de la vida de los "vivos", de los que dejaron en este otro plano dimensional.

Luego de morir, y estando fuera del cuerpo físico, muchos quieren comunicarse con los seres vivos. Pero no pueden, los vivos no los ven ni los oyen. Los "muertos" están ahí pero nadie parece darse cuenta. Los "muertos" quieren consolar a quienes los lloran y sufren, pero no siempre logran hacerlo. Muchos "muertos" no pueden liberarse de las ataduras con el plano terrenal. Sufren por sus grandes apegos.

El desapego permite partir hacia otro plano más elevado, al plano de la Luz, donde la paz es permanente y se vive en un presente continuo de calma y plenitud. Ese estado que describen muchos que han vuelto de la "muerte", y han pasado por el túnel o el portal que los lleva hacia la Luz.

Las personas muy apegadas a los planos materiales —a su casa, trabajo, hijos, marido o mujer, seres queridos— quieren seguir controlando sus pertenencias desde el llamado "más allá". Les cuesta salir del plano físico. Por esto, luego de haber dejado sus cuerpos en el pasaje llamado "muerte", continúan deambulando, sin elevarse, sin ascender, a lo que se llama "más allá", o sea, hacia la Luz.

## El Desapego y la Misión Personal

Existen múltiples factores que componen la vida cotidiana del ser humano. Muchas personas se aferran a ellos, en la ilusión de que son lo único importante que existe. Eso es lo que conforma los apegos: bienes, pertenencias, apegos personales. No necesitamos cargar con todo eso en nuestro equipaje hacia el otro lado. Nada de eso será necesario. Las cosas materiales son sólo importantes mientras estamos aquí, encarnados en un cuerpo físico en la Tierra.

¿Nunca te preguntaste: para qué estamos acá, en la Tierra? Existimos con un propósito. Tenemos que cumplir una tarea. Es una tarea personal y única. Es nuestra *misión personal*. Es un compromiso asumido con anterioridad a nuestro nacimiento. Generalmente lo olvidamos. Y vagamos perdidos por la Tierra, sin rumbo. Hasta que un día recordamos. Renovamos el compromiso. Asumimos nuestra tarea.

Muchas veces los apegos nos impiden completar nuestra misión personal, nos atan, nos limitan, nos desvían del propio rumbo. Por el contrario, el desapego nos da las oportunidades necesarias para facilitarnos el cumplimiento de nuestras misiones. El desapego nos da alas para emprender libre vuelo.

Nuestras misiones dan sentido a nuestra vida. Sin embargo, la mayoría de las personas vive sin tener en cuenta sus misiones, pierden el sentido de vida. La pérdida del sentido de vida origina estados depresivos, desorientación, desconsuelo.

Todos los que estamos en la Tierra vinimos a realizar una misión, un trabajo determinado.

La misión es una tarea elegida por nosotros antes de "bajar" a este planeta. Pero lo olvidamos en el momento de encarnar. Sin embargo, nuestra alma recuerda. Nosotros, como seres humanos, lo hemos olvidado. Es como si hubiésemos quedado envueltos en un sueño que nos hizo olvidar nuestros orígenes, nuestra procedencia y nuestro propósito. Actualmente hay personas que están despertando de ese sueño y van recordando sus misiones. Este sueño del que estamos hablando es la vida que llevamos todos los días, o sea, lo que nosotros denominamos "la realidad".

En estos tiempos que transcurren, muchas personas están despertando a ese letargo o sueño. Es un sueño que envuelve al género humano desde hace mucho tiempo. Un hechizo que centró a la humanidad en lo meramente tangible y visible y le hizo desarrollar la materia al máximo de las posibilidades, pero olvidando la existencia del Espíritu que habita en todas las cosas.

Ese sueño ilusorio hizo que el hombre creyera que la materia densa es lo único que existe. De ahí que a todo lo palpable y científicamente comprobable, el hombre le dio el nombre de "la realidad". Sin embargo, existen muchas otras realidades, no sólo la material.

Al expandirse nuestra conciencia, nos abriremos a una comprensión mayor, e iremos recordando poco a poco nuestras misiones. Comprenderemos que existen otros planos de la realidad. Poco a poco, comenzaremos a develar el enigma de nuestra existencia, descubriendo quiénes somos y qué es lo que estamos haciendo aquí, en este planeta, en esta vida (y en las otras vidas).

# El Salto Cuántico de la Conciencia

## *De la Conciencia Individual*
## *a la Conciencia Global*

Todo se irá abriendo en nuestras mentes y en nuestros corazones. Ha llegado el tiempo de descorrer las cortinas para dejar entrar la luz. La información es luz. No más ocultismo, no más conocimiento para unos pocos; el conocimiento está siendo develado para todos. Es parte del proceso evolutivo de la humanidad. Es parte del Gran Plan al cual pertenecemos.

Y tal como en todas las etapas evolutivas por las que atravesó la especie humana, hay pioneros y rezagados. Hubo un primer mono que decidió bajarse del árbol, erguirse y caminar bípedamente, otros lo siguieron luego. De otro modo todavía seguiríamos colgados de los árboles o hubiésemos desaparecido, como los dinosaurios que no pudieron adaptarse a los cambios.

Las decisiones las tomamos individualmente, cada uno de nosotros. Pero las oportunidades están siendo dadas a todos. La información se está abriendo. Cada uno elige luego: seguir viviendo robotizado o dar el Gran Salto para ser uno mismo. El potencial para cumplir con el desafío lo tenemos todos.

Si muchos dan el Gran Salto, y se deciden por la Unificación de la Conciencia, el Gran Cambio será posible. Es necesario unificar la conciencia, sentirnos Uno en la diversidad.

Hemos llegado a una situación crítica a nivel planetario. Estamos en estado de emergencia general. Si continuamos así, el resultado será terrible. Pronto no tendremos más superficies cultivables, ni agua potable, ni aire respirable. El llamado celestial es para todos, está en nosotros la habilidad para descifrar el mensaje.

El desapego juega un papel importante en este momento planetario. Y tiene que ver con la adquisición de la conciencia global. *El salto de la conciencia individual de los apegos, a la conciencia grupal del desapego.* Toda la humanidad es una hermandad única; aunque existan diferencias de nacionalidades, razas, credos o sistemas de creencias. Consideramos al ser humano como el ser planetario que habita la Tierra.

El desafío mayor de nuestros tiempos es *aceptarnos, comprendernos y amarnos en la diversidad.* Si lo logramos, tendremos acceso a un nuevo nivel en la escala de nuestra evolución.

A medida que nuestros corazones se abran, comenzaremos a sentir las elevadas vibraciones que nos rodean. Estas vibraciones unificadoras están latiendo en medio de nosotros, en oposición al caos y a la confusión existente en todos los niveles de la sociedad.

Por un lado, el caos nos lleva a cuestionarnos: *"¿Hacia dónde nos dirigimos como humanidad?". "¿En qué locura nos hemos metido nosotros mismos, de la cual no podemos o no sabemos salir?".* Pero, como contrapartida, existe un movimiento espiritual masivo, que se está extendiendo más y más, día a día. Este nuevo despertar espiritual trasciende las fronteras de los dogmas y religiones creadas por los hombres, y va más allá, va a los orígenes. Esta nueva espiritualidad va al encuentro con la Madre Naturaleza; y, por la intermediación de los Ángeles, llega a Dios. Re-descubre esa chispita de Dios que habita dentro de cada uno de nosotros, y nos re-une como Hermanos en un Corazón único. Esta nueva espiritualidad no se opone con ninguna de las religiones existentes, está abierta a todos, es una nueva toma de conciencia. Es el re-encuentro con la Presencia Divina que existe en Todo Lo Creado.

En todos nosotros, aunque sea a un nivel muy profundo y casi invisible, habitan muchos interrogantes que tienen que ver con nuestra esencia. Interrogantes que nos hacen repensarnos desde lo más íntimo del ser y no sólo desde la apariencia física. En verdad, somos mucho más de lo que parecemos. Como humanidad —como raza— nos fuimos alejando de nuestro ser esencial, y fuimos quedando prendidos a la apariencia de la forma que representamos en el plano físico y que se refleja en nuestra personalidad.

Muchos de nosotros sabemos que existimos también en otros planos, mucho más allá de nuestra personalidad. Somos seres multidimensionales y funcionamos en varios niveles diferentes.

La realidad es mucho mayor de lo que podemos ver con nuestros ojos. La realidad trasciende esta dimensión que nosotros vemos con nuestra visión corriente. La realidad va mucho más allá..., y a la vez, está acá. Somos conscientes sólo de una parte mínima de la totalidad de nuestro potencial. Somos capaces de mucho más de lo que nosotros suponemos. Nos manejamos en planos y dimensiones de los que la mayoría de la gente ni siquiera conoce su existencia o cree que son sólo ciencia-ficción.

Pero ahora llegó el momento de hacernos cargo de este ser que verdaderamente somos. Ya no podemos permanecer ignorando nuestra totalidad. Debemos asumirnos en forma íntegra, plena, sin incisiones. Llegó el tiempo de unir el rompecabezas, las piezas andan por ahí sueltas, es el momento de re-encontrarnos con ellas e integrarlas para formar un TODO. En el proceso de reunir todas las partes de nosotros mismos, estaremos dando el Gran Salto Cuántico de la Conciencia.

Es necesario que todas nuestras partes se reúnan ahora. El momento ha llegado, no podemos permanecer más tiempo ignorantes acerca de quiénes somos en realidad. Debemos asumirnos en todos nuestros aspectos y en nuestra gran diversidad. Somos todas esas partes de nosotros que creemos que somos (las que nos gustan y las que no nos gustan tanto) y, además, somos mucho más que todo eso. Existimos en otros planos y en otras dimensiones. Ahora llegó el momento de reunir todas esas partes. Es una tarea que debemos comenzar para poder sentir la plenitud del ser que en realidad somos. Hay muchas maneras de lograrlo, cada uno descubrirá la propia, en la medida en que se sintonice interiormente.

## Cómo Encontrarnos con el Ángel de la Guarda de Otros

Si bien somos seres individuales, somos también seres sociales. Necesitamos estar en contacto, comunicarnos. Existen infinitas maneras de comunicarnos con los otros, con los que están fuera de nosotros. Acercarse, estar presente, hablar, escuchar, sonreír, tocarse. A veces la otra persona está lejos, pero incluso, a pesar de la distancia, podemos mantener el contacto, la comunicación. Los afectos unen. Producen lazos etéricos entre las personas.

En un sentido trascendente y mayor, *Todos Somos Uno*. Cada uno de nosotros tiene en sí mismo una parte del otro; lo cual significa: *Hermandad*. Las religiones nos dicen que todos somos hermanos. Es cierto, todos somos Uno en un plano de la realidad. Pero, paralelamente, funcionamos como seres individuales en otro plano. Esta idea puede sonar extraña para la mente humana, la cual para comprender, secciona, desmenuza, analiza. La forma de pensamiento sectaria permanece muy ligada a los planos mentales inferiores. Cuando la conciencia se expande, se expande también la mente; comienza a ser más abarcativa, de visión más amplia. Así surge la comprensión global, o integrada, de la realidad.

Cuando la visión humana de la realidad se amplifica, la mente pasa del análisis de las partes, a la comprensión del todo. Esta capacidad de comprensión mayor abre la entrada a nuevos paradigmas, y se está dando actualmente en forma masiva en las mentes de las mujeres, hombres y niños que habitan el planeta. Esto quiere decir que estamos más abiertos a recibir cosas nuevas.

Existen realidades paralelas. Mundos paralelos. Aunque sólo sea visible el mundo que conocemos a través de nuestros cinco sentidos físicos; sin embargo, existen muchos otros mundos invisibles. En uno de estos mundos invisibles viven los ángeles. ¿Cómo comunicarnos con los mundos invisibles?

Para comunicarnos con los ángeles tenemos que construir un *puente interdimensional*. Nosotros vivimos en una dimensión de la realidad, y los ángeles en otra. Pero ya aprendimos que, a través de la meditación, nos acercamos al Reino de los Ángeles. Así es. La meditación construye el *puente*.

Comunicarnos entre personas tendría que ser mucho más fácil que comunicarse con Ángeles, al menos estamos en la misma dimensión. Sin embargo, a veces surgen conflictos entre las personas; discusiones, malos entendidos, distanciamientos. En estos casos, cuando se dificulta el diálogo con otra persona, podemos acudir a los Ángeles y pedirles ayuda. Los Ángeles pueden construir un *puente* entre las dos personas distanciadas.

A propósito, citaremos parte de un discurso del Papa Juan XXIII, llamado *el Bueno*, quien era fervoroso creyente de los Ángeles.

*"Cuando tenemos que hablar con una persona de difícil acceso para nuestras argumentaciones y con la que, por consiguiente, nuestra conversación deberá tener un tono más persuasivo, recurrimos a nuestro Ángel Custodio. Le encomendamos el asunto. Le pedimos que intervenga cerca del Ángel Custodio de la persona con la que tenemos que vernos. Una vez establecido el entendimiento entre los dos Ángeles, la conversación del Papa con su visitante es mucho más fácil".* [1]

Este texto forma parte del discurso que el Papa Juan XXIII pronunció en la Basílica de Santa María de los Ángeles, en Roma, el 9 de septiembre de 1962, en el que revela este "bellísimo secreto" que el Papa Pío XII le había confiado a él cuando iba a realizar una misión apostólica en los Balcanes.

Todos tenemos un Ángel de la Guarda personal que siempre está a nuestro lado, cuya misión es protegernos y guiarnos nuevamente hacia Dios, siempre y cuando se lo permitamos. Por lo tanto, yo tengo mi Ángel personal, tú tienes tu propio Ángel personal y todas las demás personas también lo tienen. Y así como podemos acudir a nuestro propio Ángel Guardián en cualquier momento que lo deseemos —en busca de ayuda y protección—, también podemos acudir a él para solicitarle que nos ayude a mejorar nuestra relación con otra persona.

Tal como nos enseña Juan XXIII en el texto citado anteriormente, podemos pedir al propio Ángel que se comunique con el Ángel de la Guarda de la otra persona en cuestión. *Una vez establecido el entendimiento entre los dos ángeles*, el acercamiento al diálogo se verá facilitado de manera sorprendente. El Ángel ilumina, eleva, ayuda a mejorar la calidad del vínculo.

Personalmente pude comprobar la eficacia de este "método" o "recurso" (por llamarlo de algún modo), en diversas oportunidades. La más llamativa para mí fue una ocasión en que tuve una discusión con mi hija Josefina, que se encuentra en plena adolescencia, con todo lo que eso implicaba para ella como hija y para mí como madre.

---

[1] Discorsi, messaggi, colloqui del Santo Padre Giovanni XXIII, vol. IV, p. 726. Tómese en cuenta que el Papa se pronuncia en la primera persona del plural.

No era una discusión de importancia, pero terminó sin acuerdo, y luego de la "descarga" quedó un silencio tenso, de esos difíciles de disolver. Era de noche y ya habíamos cenado, ella fue a su cuarto y luego de los preparativos previos para irse a dormir, cerró su puerta y apagó la luz. Yo, por mi parte, también estaba acostada, pero se me hacía difícil relajarme para conciliar el sueño, debido al clima tenso que había quedado luego de la discusión. En ese momento, vino a mi mente la idea de comunicarme con mi hija a través de nuestros recíprocos ángeles y dejar en manos de ellos la solución.

El solo hecho de ponerme en contacto con mi Ángel de la Guarda —a través del pensamiento y la intención de corazón—, generó en mí una profunda sensación de paz y bienestar. Solicité a mi Ángel Custodio que intercediera ante el Ángel de la Guarda de mi hija para que se distendiera la tirantez de la situación. Entregué en sus manos el "problema", si así Dios Padre lo permitía. Finalicé este pedido diciendo: *"Gracias Padre que me has oído".*[2]

En realidad, yo sabía que sólo se trataba de una de esas rebeliones pasajeras, típicas de la adolescencia, y que al otro día sería como si nada hubiera pasado. Sin embargo, no podía dormirme "peleada" con mi hija, es decir, sin saludarnos antes de entregarnos al sueño.

El breve contacto con mi Ángel había sido tan reparador, que había desaparecido toda mi tensión anterior. Me encontraba totalmente relajada y casi por dormirme, cuando escuché que Josefina, asomándose por la puerta de mi dormitorio me decía dulcemente: *"Hasta mañana, mamá".*

Esas sencillas palabras tuvieron en ese momento un gran significado para mí. El saludo de Josefina no solo aumentó mi paz, sino que me proporcionó la profunda alegría de saber que, verdaderamente, los Ángeles están siempre presentes para ayudarnos cuando se lo pedimos. Nuestros Ángeles habían entrado en contacto y desde otro plano habíamos "hecho las paces". Este hecho fue muy revelador para mí, por eso lo comparto con ustedes.

---

[2] *Solicitar permiso y agradecer al Padre* antes de haber recibido son dos acciones que protegen cada pedido. El agradecimiento anticipado se vincula con la noción de atemporalidad que rige en los planos superiores, donde el tiempo tal como lo conocemos nosotros no existe, sino que hay un presente continuo, un aquí y ahora permanente y eterno. Esto es lo que constituye básicamente el concepto de eternidad.

Los Ángeles están siempre dispuestos a colaborar en el mejoramiento de las relaciones, es decir, en el sostenimiento del *AMOR*. Porque *el amor es el canal de comunicación entre Dios y los hombres*, y viceversa.

## La Meditación Favorece la Salud

La práctica de ejercicios de meditación es saludable en varios aspectos: despeja nuestra mente, relaja nuestro cuerpo, equilibra nuestras emociones, eleva nuestro espíritu.

La ejercitación diaria de la meditación aleja el insomnio, alivia y disuelve contracturas, tensiones y otros malestares crónicos.

Realizar una meditación como cualquiera de las que describimos —o alguna otra que tú prefieras—, es un buen preparativo para iniciar el día. Obtendrás como resultado una alineación de tus cuerpos: mental, emocional, espiritual y físico. Luego de la meditación estarás mejor preparado para realizar cualquier tipo de actividad, ya sea: estudiar, trabajar, cocinar, ir de compras, ordenar tus armarios, etc. El final del día es, también, un buen momento para realizar una meditación, la cual servirá de gran ayuda para introducirte en un sueño relajado y reparador. Meditar es una excelente manera de terminar la jornada.

Puedes meditar sentado en una silla, con los pies apoyados en el suelo (sin cruzarlos) o, si lo prefieres, en posición de loto (sentado en el piso con las piernas cruzadas). También puedes meditar acostado, especialmente si tu propósito es entregarte al sueño una vez terminada la meditación. Puedes pedir a tu Ángel Guardián y al Ángel de los Sueños, que te acunen en sus brazos mientras duermes; tu sueño será más descansado y reparador.

# Algunos Ejercicios de Meditación

Los ejercicios de meditación te ayudarán a contactarte con tu parte interna, con tu *guía interior*, y por supuesto, con tu Ángel. Es importante que realices las meditaciones en un momento y en un lugar en el que sepas que no serás interrumpido. Elige el momento del día más adecuado para ti, y olvídate del teléfono durante el tiempo que dure la meditación.

Es aconsejable que la práctica de la meditación la realices en el mismo lugar y en la misma posición. Esto te ayudará en tus comienzos, pues facilitará tu concentración, evitando que te distraigas con lo que te rodea, ya sean ruidos o sonidos desconocidos, como olores u otras sensaciones. A medida que practiques la meditación —diariamente si es posible—, podrás realizarla con mayor soltura y naturalidad. Al terminar, quedarás relajado y con gran sensación de paz.

Cuanto más familiarizado estés con la práctica de la meditación, cada vez dependerás menos del lugar y de la situación que te rodea. No obstante, lo ideal es meditar en un sitio que nos resulte agradable, donde podamos estar distendidos y cómodos.

Algunos complementos ayudan a crear un clima propicio para la meditación: el aroma a incienso, sándalo o mirra; los aceites aromáticos; la luz tenue; la llama de una vela; música suave y agradable (las hay especiales para meditar).

Otros complementos para crear un clima propicio para la meditación pueden ser: tomar previamente un baño con sales, perfumarse y usar ropas sueltas y limpias, preferentemente de colores claros y suaves (el violeta también es muy apropiado, pero evitemos el color negro).

Todos estos factores favorecen la relajación y crean un ambiente agradable que servirá de ayuda, especialmente, si recién llegamos de la calle, luego de un día de gran actividad. El agua ayuda a limpiar el aura, a descargar tensiones y despejar la sobrecarga de energías. Todo esto se acumula a lo largo de la jornada en nuestros cuerpos. Luego de un baño estamos más livianos, y esto facilita la relajación. Tal como ocurre con los bebés, que luego de bañarlos, descansan mejor.

## Meditación I

### ✳ El Ángel del Aire

Una vez creado todo el clima descripto anteriormente:

Siéntate o ubícate cómodamente. Cierra los ojos y realiza tres inspiraciones profundas, inhalando por la nariz y exhalando por la boca.

No pienses en nada. Sólo observa y sigue tu respiración. El aire entra y sale de tu cuerpo. Tu ritmo respiratorio se vuelve suave y silencioso, casi imperceptible. Es muy posible que tu mandíbula caiga, es señal de relajación.

Si aparece algún pensamiento, lo dejas ir, como si fuera una nube desplazada por la brisa. Tu mente entrará en un período de reposo, estará descansando apaciblemente.

Para ayudarte, puedes recordar o imaginar algún lugar hermoso, un paisaje que te agrade y evoque tranquilidad.

En ese hermoso paisaje, invoca al Ángel del Aire. Inspira profundo e invítalo a entrar en tu cuerpo a través de tu respiración.

Continúa centrado en tu respiración, manteniéndote consciente del recorrido del aire que entra y sale de tu cuerpo. No hagas ningún esfuerzo. Simplemente observa tu respiración mientras esta sucede. Si sientes algún tipo de tensión en alguna parte de tu cuerpo, suéltala por medio de la exhalación. De la misma manera, si alguna emoción te perturba, puedes liberarte de ella a través del aire que sale de ti.

Invita al Ángel del Aire a entrar en tu cuerpo cada vez que inhalas.

Permanece respirando suavemente, dejándote flotar en la paz del Ángel del Aire.

Cuando te sientas completamente relajado —tal vez hayan transcurrido unos 15 o 20 minutos—, comienzas a salir, lentamente, del estado de relajación.

Respiras profundo y, poco a poco, vas tomando conciencia de tu cuerpo físico. Mueves suavemente los dedos de tus manos y de tus pies. Te desperezas, como despertando de un sueño. Abres suavemente los ojos. No te pares de inmediato, date el tiempo necesario para estar de vuelta en tu estado de conciencia ordinario.

Si dispones de tiempo, escribe —en tu diario privado o en tu cuaderno de contacto con los ángeles—, la experiencia que has vivido en esta meditación.

## Meditación II

### ✳ La Luz Dorada

Comienzas del mismo modo que en la meditación anterior. Relajando tu cuerpo en una postura cómoda y quieta. Respiras suavemente, siguiendo los tres primeros pasos indicados en el ejercicio anterior

Ya estás totalmente relajado, y el aire que respiras fluye, suavemente, en un ritmo balanceado y armónico.

Imagina que una Esfera de Luz Blanco-Dorada está suspendida, flotando, sobre lo más alto de tu cabeza. Es una luz brillante y resplandeciente.

Esa Luz Blanco-Dorada está iluminándote desde arriba, y comienza a entrar lentamente en ti, por el centro de tu cabeza.

La Luz sigue bajando y pasa por tu columna, recorriéndola vértebra por vértebra. Esta Luz Dorada que está dentro de ti, irradia su resplandor desde el centro de tu columna hacia todo el interior de tu cuerpo.

La Luz Dorada recorre tus hombros, brazos, manos y dedos. Ilumina todos tus órganos internos. La Luz Dorada recorre tus piernas y llega, por último, a tus pies.

Estás íntegramente lleno de Luz Blanco-Dorada. Estás resplandeciente.

Si llegaras a percibir alguna parte de tu cuerpo en la que no penetró la Luz Dorada, trata de despejar la zona al exhalar el aire de tu cuerpo. Luego de varias exhalaciones, imagina que esa zona se llena, también, de Luz Blanco-Dorada.

Ya estás iluminado y resplandeciente; alineado y sintonizado con las vibraciones más elevadas, a las que también perteneces. Este es otro plano de tu realidad. Es otra forma de lo que eres. Estás conectando con otro nivel de ti mismo. Has entrado en una dimensión diferente, y puedes volver a ella siempre que lo desees.

Si el trabajo fue bien realizado, te sentirás muy relajado. Para regresar de ese estado y, a la vez, permanecer sereno y alineado, simplemente, dirige tu atención hacia tu cuerpo físico. Mueve suavemente tus manos, tus pies y... lentamente, abre los ojos. Si te sientes algo mareado, permanece sentado un poco más, mira tranquilamente a tu alrededor y, en seguida, estarás perfectamente bien; mucho mejor que antes de realizar este ejercicio, y listo para emprender cualquier actividad.

## Meditación III

### ✳ El Árbol

Preparar el clima adecuado para meditar constituye siempre el primer paso. Especialmente, asegurarse de no ser interrumpido durante el tiempo que dure la meditación. Este tiempo puede oscilar entre los 15, 20 o 30 minutos; deja que esto suceda espontáneamente, es decir, no es necesario que estés controlando el tiempo de duración con un reloj.

Tal como ya sabes —esto va sólo a título recordatorio—, siéntate cómodamente en una silla o sillón, cuidando de no cruzar las piernas ni los brazos, para no trabar la libre circulación de la energía. Apoya los dos pies en el suelo. Si prefieres sentarte en el suelo, en un almohadón, entonces puedes cruzar las piernas en *posición de loto*, como los yoguis. Las piernas cruzadas en posición de loto —como también acostumbran a sentarse los aborígenes— no corta el flujo de energía, sino que por el contrario, lo favorece, ya que la postura del cuerpo forma una pirámide, cuyo eje es la columna vertebral.

Mantén la columna derecha, pero no rígida. Cierra suavemente los ojos. Inspira y exhala, profundamente, tres veces. Concéntrate en la relajación de cada parte de tu cuerpo, comenzando por los pies, hasta llegar a la cabeza. Es importante la relajación de todas tus partes físicas, hasta de las mismas raíces de tu cuero cabelludo. Aflojar la tensión muscular es una gran tarea. Puedes ayudarte con la respiración para hacerlo. Inhalando paz y tranquilidad, y exhalando tensiones y preocupaciones.

Cuando ya te sientas bien relajado, imagina que desde la base de tu columna comienzan a salir raíces, como si fueras un árbol. Si estás sentado con los pies apoyados en el piso, las raíces salen a su vez, también, por la planta de tus pies.

Tus raíces van creciendo más y más, atraviesan el piso, y penetran la tierra. Tus raíces llegan hasta las capas más profundas de la Tierra. Siente que tus raíces se prenden con firmeza a la Tierra. Eres como un sólido árbol.

Sigue respirando suave y rítmicamente. Imagina que por tus raíces bebes la savia de la Madre Tierra. La Energía Telúrica que absorbes por tus raíces sube hacia tu cuerpo. Es energía curativa de la Tierra.

La savia de la Tierra entra por la planta de tus pies y por el sacro, en la base de tu columna. La Energía Telúrica sube lentamente por tu columna y te recorre por dentro, de pies a cabeza. La savia curativa de la Tierra se expande también por tus hombros, pasa por tus brazos y llega hasta tus manos.

Todo tu cuerpo se nutre y revitaliza con la energía de la Madre Tierra. Inhala y exhala la energía de la Madre.

Eres un árbol, y recibes el alimento por tus raíces, por tu tronco. El tronco te nutre y envía el alimento a todas tus ramas, a todas tus hojas. ¿Qué clase de árbol eres? ¿Cómo es tu tronco? ¿Cómo son tus ramas? ¿De qué color y forma, tus hojas? ¿Eres un árbol niño o un árbol anciano?

Lleva tu atención ahora a la copa del árbol, a las ramas y las hojas. A esa parte del árbol que se eleva hacia lo alto para tocar el Sol, para respirar el aire más puro. Tus ramas se mecen suavemente con la brisa. Las hojas reciben su alimento del Sol.

Respira profundamente la Energía del Sol. Eres un árbol fuerte y hermoso. Tus hojas brillan y resplandecen. Los Rayos Dorados del Hermano Sol descienden bañando en su Luz a la copa del árbol.

Y la Luz Dorada cubre todo el árbol y se hace uno con él. La Luz Dorada penetra las hojas, las ramas, el tronco, las raíces. La Luz Dorada ilumina por dentro la Tierra.

La Luz Dorada despierta los cristales dormidos que habitan en el fondo de la Tierra. El Padre Sol penetra el vientre de la Madre Tierra, lo fecunda, le da vida, lo nutre.

A través del árbol que eres, la Luz del Cosmos llega a la Tierra. Estás integrando dentro de ti las energías del Cielo y la Tierra, el Padre Celestial y la Madre Terrenal. "Así en la Tierra como en el Cielo".

Las energías del Cielo y la Tierra circulan dentro de ti, inundándote de Luz y Paz. Inhala y exhala para impregnarte de Luz y Paz. Salen desde ti destellos luminosos en todas direcciones. Filamentos dorados y plateados se van prolongando hacia arriba, hacia lo más alto, superan la copa de tu árbol y se extienden hasta alcanzar el cielo, tocan las estrellas y se expanden por todo el Universo.

Sigue respirando suavemente. Estás relajado y en paz. Permanece así por unos minutos, dejándote impregnar por estas energías sanadoras.

Cuando sientas que ya es tiempo de "volver", haces una inspiración profunda y exhalas. Nuevamente y poco a poco, vas tornando conciencia de tu cuerpo. El árbol va quedando atrás, en el bosque, en la plaza o en el jardín de tu casa. Cada vez que quieras descansar y restaurar tus energías puedes volver a tu árbol.

Respira profundamente. Mueve con suavidad los dedos de tus manos y de tus pies. Vuelve a respirar profundo. Estira tus brazos y piernas.

Realiza una tercera inspiración profunda y abre suavemente los ojos. Mira a tu alrededor. Tómate un tiempo antes de pararte o ponerte en acción.

Escribe la experiencia de esta meditación en tu cuaderno. Dibuja tu árbol.

**Árbol de Vida Esenio**

## Cómo Funciona la Intuición

Todos somos poseedores —al menos potencialmente—, de la capacidad de intuición. La intuición se manifiesta, por lo general, en forma espontánea, sin que hagamos nada especial para que ello suceda. Sin embargo, es posible desarrollar la capacidad intuitiva e incrementarla. Para lograrlo, el primer paso es aprender a reconocer y respetar la intuición.

Muchas personas no dan demasiada importancia a su intuición. Algunas, ni siquiera saben de su existencia. La intuición es una manera de conocer o saber, sin necesidad de utilizar el razonamiento, la memoria, la lógica u otras facultades reconocidas como autoridad dentro del cerebro humano.

En muchas oportunidades, la intuición nos advierte ante el peligro, pudiendo llegar a salvar nuestra propia vida o la de otros. La intuición se manifiesta repetidamente con algo que llamamos "corazonada" o "pálpito". La intuición es una certeza repentina acerca de algo. Sentimos que es así, aunque no podamos explicar por qué. Si seguimos la intuición, generalmente somos conducidos hacia la solución acertada.

La intuición nos guía en muchas oportunidades de nuestras vidas cotidianas. Es esa "idea" que surge de repente. Esa chispa que se enciende, y que ilumina nuestro camino hacia lo que resulta ser verdaderamente adecuado en ese momento.

La intuición es la función primordial del hemisferio cerebral derecho, y está asociada con un elevado grado de inteligencia que nos conecta con las fuentes esenciales del conocimiento. El hemisferio derecho nos abre a un plano de conciencia expandido, del que emana un conocimiento mayor. De ese plano proviene mucha sabiduría.

Nos abrimos a la intuición cuando estamos en estado contemplativo. Vale decir, aquietar la mente, despejarla de pensamientos y ubicarnos en nuestro centro interno, nos abre a la intuición. Por eso, los ejercicios de meditación ayudan a desarrollar y amplificar la intuición.

Las capacidades y habilidades del hemisferio cerebral derecho están íntimamente ligadas con el funcionamiento del *chakra coronario*. El Chakra Coronario, o Coronilla, es el centro de energía ubicado en la parte más alta de nuestra cabeza y funciona asociado con la glándula pituitaria. La apertura de este centro energético produce una activación de la intuición y nos abre a la conexión con nuestro Yo Superior.

En el hemisferio cerebral izquierdo, se encuentran las funciones de la memoria, la lógica y el razonamiento, que son niveles menores de inteligencia y no trascienden el plano material. Sin embargo, las funciones del hemisferio izquierdo son completamente necesarias para desempeñarnos en el plano concreto de la materia. Realizar las tareas prácticas que mantienen nuestro sustento físico de manera satisfactoria es el pilar que sostiene nuestra vida espiritual. Echar raíces y luego desplegar alas. No podemos escapar del plano tridimensional en el que vivimos. *Así en la Tierra como en el Cielo.*

Si vivimos en esta realidad, que es la Tierra, y habitamos un cuerpo físico, no es por error. Estamos aquí por algún motivo. Si fuésemos espíritus muy elevados, estaríamos en otro plano de la realidad. Seríamos ángeles u ocuparíamos alguna orden superior de conciencia. Pero estamos aquí, movilizándonos en el plano de la tercera dimensión, es decir, en medio de la materia densa. Entonces, es muy importante la utilización de ambos hemisferios cerebrales para funcionar plenamente y procesar nuestro accionar, valiéndonos de todas nuestras posibilidades. Una manera de mantener balanceados o equilibrados ambos hemisferios cerebrales es utilizarlos para la resolución de las distintas actividades del día en forma pareja, tanto valiéndose de uno como del otro lado del cerebro. No únicamente la intuición, no únicamente el razonamiento. Sino ambos, en una danza armoniosa.

Nuestra cultura y nuestros programas educativos para escuelas no han considerado la importancia del desarrollo de ambos hemisferios cerebrales. Han privilegiado el uso de la memoria, la lógica y el razonamiento, es decir, las funciones del hemisferio izquierdo. A esto se refería Einstein cuando decía que sólo usábamos el 10% del cerebro; y eso, respecto de quienes lo usaban bastante.

La creatividad es una función del hemisferio cerebral derecho. En las actividades artísticas creativas, hay un predominio del uso del hemisferio derecho. La pintura, la música, la poesía y otras artes en las que la imaginación, la originalidad y la belleza son protagonistas, están poniendo en acción las cualidades del hemisferio derecho del cerebro.

El hemisferio cerebral derecho nos conecta no sólo con la intuición y la creatividad, sino también con otras funciones cerebrales: la telepatía, la clarividencia y clariaudiencia, la precognición y otras funciones llamadas también —en forma incorrecta— fenómenos "paranormales".

En estos momentos evolutivos del planeta, estamos entrando en la posibilidad de desarrollar con mayor facilidad todas estas habilidades, que antes eran viables sólo para unos pocos atrevidos o "elegidos".

Todos tenemos acceso a todas las funciones cerebrales, siempre y cuando tengamos un cerebro sano. Pero necesitamos hacer la "gimnasia" necesaria para desarrollar los "músculos dormidos y anquilosados" del hemisferio derecho, por tanto exceso de razonamiento.

La "gimnasia" para desarrollar las funciones del hemisferio derecho se basa en la práctica de la meditación, la contemplación y el aquietamiento de la mente. A medida que vayas avanzando en ese camino, comenzarás a descubrir horizontes insospechados dentro de ti. Tu intuición se irá desplegando. Y cada día ganarás más confianza en ella. Tus percepciones se afinarán e irás registrando, poco a poco, realidades cada vez mayores.

El uso del Oráculo de los Ángeles te ayudará a activar el desarrollo de tu hemisferio derecho. Cada vez que quieras consultar el Oráculo, realiza una meditación previa, de modo tal que tus vibraciones estén armonizadas con las frecuencias de los ángeles. A medida que te familiarices con la meditación y el uso del oráculo, las ilustraciones de las cartas hablarán por sí solas, y luego de haber leído los mensajes contenidos en este libro, arribarás a interpretaciones reveladoras.

# Cómo Funciona el Oráculo de los Ángeles

El Oráculo de los Ángeles está compuesto de tres mazos de cartas. Cada uno de los tres grupos de cartas apunta a un plano diferente de la realidad. Estos tres planos o realidades son:

* los Arcángeles
* los Ángeles
* el Ser Humano (Oportunidades)

Existe una sincronicidad entre esos tres planos. De la manera en que se vinculen, provendrá una respuesta diferente. Tú vas a descubrirla. Esa será tu revelación mayor en el uso de este Oráculo.

Cada vez que consultes este Oráculo obtendrás, entonces, una respuesta triple, es decir, seleccionarás tres cartas, una por cada plano de la realidad: *Arcángeles, Ángeles, Nivel Humano*. El nivel humano está representado en este oráculo, en la sección llamada *Oportunidades*, cuyas cartas ilustran ángeles trayendo un mensaje escrito en una nube.

Te sugiero que más que hacer preguntas, pidas al oráculo una orientación para este momento de tu vida. De este modo, te estarás abriendo a un progreso mayor en la expansión de tu conciencia. Pues no siempre lo que creemos tan importante, en verdad lo es. Confía en que los Ángeles te traerán siempre la respuesta más adecuada.

Una vez seleccionadas las tres cartas, lees el texto aclaratorio correspondiente a cada una de ellas. Lo encontrarás en la segunda parte de este libro, en la sección titulada Lectura del Oráculo. Finalmente trata de descubrir la conexión entre las tres cartas. Así completarás el mensaje que el oráculo te trae para este momento de tu vida.

## Desarrollando tus Capacidades
## a Medida que Usas el Oráculo

Es posible que cuando comiences a usar el Oráculo de los Ángeles sólo te atengas a los resultados explicitados en el texto correspondiente. Sin embargo, a medida que consultes el Oráculo y practiques los ejercicios de meditación, tu comprensión irá en aumento y llegarás a descubrir la sincronía que existe entre las tres cartas obtenidas. El uso frecuente del oráculo irá ejercitando tu percepción y tu intuición, flexibilizará tu pensamiento y la captación de la realidad será cada vez más abarcativa.

Tus consultas frecuentes al Oráculo de los Ángeles, unidas a la práctica diaria de la meditación, irán produciendo ciertos cambios en tu vida interior, los cuales se reflejarán en tu mundo externo, en tus relaciones con los demás. Te volverás más consciente de tus actos, pensamientos y palabras. Serás más cuidadoso en cada circunstancia, en cada actitud. Y los demás empezarán a buscar tu compañía en los momentos en que menos lo sospeches.

Tu energía irá cambiando. Te irás sutilizando a medida que hagas contacto frecuente con los ángeles, a través de la meditación y del uso del Oráculo. Los ángeles se aproximarán a ti, al ver tu dedicación hacia ellos, y se magnificará tu brillo interior. Sentirás una sensación de liviandad, al meditar y contactarte con los ángeles, y se irán produciendo sutiles cambios en tu campo energético.

A través del uso del Oráculo de los Ángeles te irás abriendo a una realidad mayor. Te irás familiarizando con los mundos invisibles, con los mundos angélicos. Ya no te sentirás solo cuando estés solo. Sabrás que esa soledad es una apariencia, que siempre estás acompañado por ángeles que velan por ti.

Cosas maravillosas comenzarán a suceder en tu vida. Tal vez sean las mismas cosas de antes, pero ahora las ves con nuevos ojos. Tienes ojos nuevos para ver y oídos nuevos para oír. Descubres que la vida es un regalo divino que todos podemos aprender a valorar y disfrutar, día a día.

## Los Arcángeles del Oráculo

Los cuatro Arcángeles que figuran en el primer mazo de cartas del Oráculo son: *Uriel, Gabriel, Rafael* y *Miguel*.

A continuación, una breve síntesis de las características de los cuatro Arcángeles. Podrás encontrar mayor información sobre los Arcángeles en la sección "Lectura del Oráculo".

### URIEL

| | |
|---|---|
| Significa: | Luz de Dios |
| | Fuego de Dios |
| Custodia: | el Este - el Amanecer |
| | el Verano - el Aire |
| Color: | Amarillo |
| Guardián de: | el Reino Mental |
| | la política |
| | la ciencia |
| | la economía |

### GABRIEL

| | |
|---|---|
| Significa: | Hombre de Dios |
| | Dios es mi fuerza |
| Custodia: | el Sur - el Mediodía |
| | La Primavera - el Agua |
| Color: | Verde |
| Guardián de: | el Reino Emocional |
| | la creatividad |
| | las artes |
| | las relaciones |

## RAFAEL

| | |
|---|---|
| Significa: | Curado por Dios |
| | Dios cura |
| Custodia: | el Oeste - el Atardecer |
| | el Otoño - la Tierra |
| Color: | Rojo |
| Guardián de: | el Reino Físico |
| | la salud |
| | la sanación |
| | la transformación |

## MIGUEL

| | |
|---|---|
| Significa: | ¿Quién es como Dios? |
| | El que es como Dios |
| Custodia: | el Norte - la Noche |
| | el Invierno - el Fuego |
| Color: | Azul |
| Guardián de: | el Reino Espiritual |
| | la paz |
| | la armonía |
| | la cooperación global |

## El Ser Humano, la Naturaleza y los Arcángeles

Recordemos el esquema del ser humano graficado en páginas anteriores. En ese esquema, el ser humano está representado como si fuese un círculo. Ese círculo está seccionado en cuatro partes iguales que representan: *el cuerpo físico, el cuerpo emocional, el cuerpo mental y el cuerpo espiritual.* Estos cuatro cuerpos conforman un todo, y ese todo somos nosotros.

Por otra parte, en la Naturaleza existen cuatro elementos básicos que intervienen en todo lo creado: *la Tierra, el Agua, el Aire y el Fuego.*

El hombre es Tierra y Agua, tal como nos cuenta el relato bíblico. Poseemos todos los minerales y oligoelementos que contiene la Tierra. Somos agua en un 80% o 90%. Y también somos Aire. El Aire interpenetra todos nuestros tejidos. Sin oxígeno no hay vida —al menos, vida tal como la que conocemos—. Y, además, somos Fuego. Nuestro cuerpo tiene calentadores internos. Nuestro cuerpo tiene una llama interior que lo mantiene vivo.

La Tierra, el Agua y el Aire son una tríada de elementos femeninos. El Fuego es un elemento masculino. El Fuego es el Sol. Así *como es arriba, es abajo*. El Sol brilla en lo alto, y también está ardiendo, escondido, en el magma del centro de la Tierra, integrando el polo masculino de la Madre Tierra.

El planeta Tierra es Agua en la mayor parte de su superficie; lo podemos ver sencillamente graficado en un globo terráqueo. El planeta Tierra es casi todo Agua, tal como el Ser Humano es casi todo Agua también. El planeta Tierra y el Ser Humano son Agua y Tierra, y ambos llevan un Sol —un Fuego— calentando adentro. Es el Fuego Divino.

El planeta Tierra está custodiado por el Aire, que habita en todo lo creado. La palabra *espíritu* viene del hebreo y, originariamente, significa *"aire en movimiento"; aliento o viento. "El Espíritu de Dios se movía sobre las Aguas"* dice la Biblia. Dios habita en Todo lo Creado. Dios ES en todo lo creado. El Aire Es parte del Espíritu de Dios. Respira profundamente y déjate impregnar por el Aire.

Aire, Agua, Tierra y Fuego nos acercan a nuestra propia esencia. Somos ellos. Somos Cuatro elementos que se amalgaman en Uno. Somos Cuatro en Uno. Y Dios Es en nosotros a través de esos cuatro elementos.

Y así como El Ser Humano está formado básicamente de Tierra y Agua; los Ángeles, Arcángeles y todos los Coros Celestiales están formados básicamente de puro Fuego. Cuando Yahveh se apareció a Moisés, se manifestó rodeado de Fuego:

> *"... Y apareciósele el Ángel de Yahveh en una llama de fuego, en medio de una zarza".*
>
> *(Éxodo 3,2)*

*"... Todo el monte Sinaí humeaba, porque Yahveh descendía sobre él en medio de fuego".* -

*(Éxodo 19,18)*

El Ángel del Señor se presenta como Fuego en la zarza ardiente, tal como nos cuenta el relato bíblico. El Fuego aparece asociado con lo más sagrado, y también es signo de purificación. El Espíritu Santo se manifiesta en pequeñas Llamas de Fuego sobre las cabezas de la gente reunida en oración:

*"... Todos los creyentes se encontraban reunidos en el mismo lugar: De repente, un gran ruido que venía del cielo, como de un viento fuerte, resonó en toda la casa donde ellos estaban. Y se les aparecieron lenguas de fuego, repartidas sobre cada uno de ellos. Y todos quedaron llenos del Espíritu Santo".*

*(Hechos de los Apóstoles 2,1-5)*

Los Ángeles son Seres de Fuego. Dentro del grupo genéricamente denominado *Ángeles*, encontramos diferentes categorías o jerarquías, según lo detallado en páginas anteriores. Esas categorías conforman el Reino de los Ángeles. Todos los miembros del Reino de los Ángeles son Seres de Fuego.

Los Arcángeles, categoría próxima superior a los Ángeles, son entonces, también, Seres de Fuego. Esto quiere decir que el elemento primordial en los Arcángeles es el Fuego. Existen muchos Arcángeles. Pero los más conocidos son cuatro: *Miguel, Gabriel, Rafael y Uriel*. El menos conocido de los cuatro es Uriel.

Los Cuatro Arcángeles mencionados son custodios de los Cuatro Elementos. Los Arcángeles son Seres de Fuego que cuidan y velan estos elementos sagrados.

*Rafael cuida la Tierra*
*Gabriel cuida el Agua*
*Uriel cuida el Aire*
*Miguel cuida el Fuego*

Cada uno de los Arcángeles cuida una parte nuestra. Los Arcángeles colaboran en la sanación de las personas. Podemos invocar a los Arcángeles —con sencillez, humildad y sinceridad de corazón—, para pedirles cura, equilibrio y armonía, a fin de que nos ayuden a balancear nuestros cuatro cuerpos: físico, emocional, mental y espiritual.

## Rueda de los Arcángeles

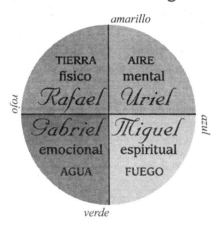

Veamos a este círculo como a un *mandala*, como a una rueda en movimiento. Aquí no hay arriba ni hay abajo, no hay derecha ni izquierda. Este círculo nos representa a nosotros energéticamente. Somos puro movimiento. Del mismo modo, las energías de los Cuatro Arcángeles forman una sola energía que balancea nuestros cuerpos.

| Elementos | Cuerpos | Arcángeles |
|---|---|---|
| Agua | Emocional | Gabriel |
| Tierra | Físico | Rafael |
| Aire | Mental | Uriel |
| Fuego | Espiritual | Miguel |

A continuación te sugerimos un sencillo ejercicio de armonización, para balancear las energías de tus cuatro cuerpos con las energías de los Arcángeles.

## Ejercicio de Armonización

### ✳ Cuatro Arcángeles - Cuatro Cuerpos - Cuatro Elementos

**1** Para sanar nuestro **Cuerpo Físico** debemos alinearnos con nuestra **Tierra** —interna y externamente—, y acudir a la ayuda del **Arcángel Rafael**.

Inhalamos y exhalamos profundamente y nos dejamos inundar por la presencia del Arcángel Rafael, dejando que su presencia penetre especialmente en nuestros huesos, en todo nuestro esqueleto, y también en todas las otras partes físicas, las más densas de nuestro cuerpo (órganos, tejidos, células, etc.).

**2** Para sanar nuestro **Cuerpo Emocional**, nos alineamos con nuestra **Agua**, e invocamos la presencia del **Arcángel Gabriel**.

Inhalamos y exhalamos profundamente y nos dejamos bañar por la Hermana Agua, nos sumergimos en ella, nos dejamos abrazar por el Agua, como si estuviéramos en un útero. Y sentimos la cálida presencia del Arcángel Gabriel sanando nuestras emociones, limpiando las penas y dolores de nuestra alma.

**3** Para sanar nuestro **Cuerpo Mental**, nos centramos en nuestro **Aire**, y pedimos ayuda al **Arcángel Uriel**.

Inhalamos y exhalamos profundamente y nos dejamos envolver en la delicada presencia del Arcángel Uriel, custodio del Reino Mental. Sentimos que nuestra mente se despeja, se aclara, se libera de preocupaciones y pesares.

**4** Para sanar nuestro **Cuerpo Espiritual**, nos centramos en nuestro **Fuego**, e invocamos la altísima presencia del **Arcángel Miguel**.

Inhalamos y exhalamos profundamente, y nos dejamos envolver en las majestuosas alas del Arcángel Miguel. Un rayo azul y luminoso desciende sobre nosotros e infunde la presencia celestial en nuestro cuerpo espiritual, cubriéndonos de un velo sagrado.

Con este ejercicio podemos armonizar nuestros Cuatro Cuerpos. Si luego del ejercicio te encuentras en paz, disfruta de ese momento. Quédate un rato así. Sin hacer nada. Sin moverte. Sólo respirando y permaneciendo en la Presencia de la Paz que te envuelve.

## Los Ángeles del oráculo

El segundo mazo de cartas está formado por los dieciséis Ángeles que a continuación nombramos. Encontrarás mayor información acerca de estos Ángeles, en la segunda parte de este libro.

| | |
|---|---|
| *Ángel de la Guarda* | Es tu compañero y custodio personal. |
| *Ángel de las Polaridades* | Equilibra lo femenino y lo masculino dentro de ti. Balancea tus fuerzas. |
| *Ángel de los Conocimientos* | Guardián de la memoria y la sabiduría. Te guía al encuentro de la información buscada. |
| *Ángel Sanador* | Atiende la enfermedad. Custodia hospitales, médicos, enfermeras y a todo el que trabaje en la sanación. |
| *Ángel de la Paz* | Inspirador y promotor de la paz. |
| *Ángel de los Inventos* | Trabaja con los inventos de tecnología no contaminante y protege los aparatos que usas. |
| *Ángel de los Proyectos* | Te orienta en tu propósito de vida o misión. |
| *Ángel del Paisaje* | Se conecta y te conecta con los diferentes guardianes de la naturaleza. |
| *Ángel de las Relaciones* | Se ocupa de las relaciones y grupos. |
| *Ángel de la Transmutación* | Transforma lo negativo en positivo. Ángeles Constructores y de la Prosperidad están entre ellos. |
| *Ángel de los Sueños* | Trabaja contigo mientras duermes. |
| *Ángel Entonador* | Trabaja en el mundo del sonido. Entona tus vibraciones. |
| *Ángel de los Dones* | Entrega dones y virtudes al hombre. |
| *Ángel de los Lugares* | Guardián de los lugares (abiertos y cerrados). |
| *Ángel del Nuevo Orden* | Te ayuda a reordenar tu vida. |
| *Ángel Armonizador* | Te conecta con un tiempo sagrado. Cuando meditas, te armonizas con él. |

**Aclaración:** Si bien los Ángeles del listado anterior figuran nombrados en singular, esto no significa que haya un solo Ángel por cada categoría mencionada. Existen muchos Ángeles en cada una de las categorías. Hay muchos Ángeles Sanadores, muchos Ángeles Armonizadores, etc. Son dieciséis *Legiones de Ángeles*.

## Las Oportunidades

El tercer mazo de cartas de este Oráculo está formado por veinticuatro *Oportunidades*. Estas Oportunidades te son entregadas para facilitar tu contacto con los Ángeles. Son oportunidades que están al alcance de cualquiera de nosotros. Pueden surgir espontáneamente en nuestras vidas, o podemos buscarlas intencionalmente, siendo conscientes de nuestro propósito.

Date el tiempo necesario para hacer contacto con las diferentes oportunidades que te proponemos en este Oráculo. Asimílalas. No pretendas lograr todo al mismo tiempo. Al ponerte en contacto con estas oportunidades, te irás aproximando a la silenciosa presencia de los Ángeles.

A continuación, va un listado de las oportunidades de este Oráculo. Encontrarás mayor información más adelante, en la segunda parte de este libro.

### Oportunidades

1 *Déjate fluir*
2 *Confía*
3 *Escribe una carta a tu ángel*
4 *Conéctate con el silencio*
5 *Entrega algo*
6 *Recibe*
7 *Abre tu corazón*
8 *Prepárate para un cambio*
9 *Es Momento de soltar*
10 *Síguete a ti mismo*
11 *Haz una dieta natural*
12 *Respira rítmicamente*

13 *Busca tu propio sonido*
14 *Busca tu propio color*
15 *Busca tu propio lugar*
16 *Reúnete en grupo a meditar*
17 *Trabaja por la limpieza planetaria*
18 *Escucha a un Maestro*
19 *Visita una librería*
20 *Llama a un viejo amigo*
21 *Conéctate con el viento*
22 *Conéctate con el agua*
23 *Conéctate con el fuego*
24 *Conéctate con la tierra*

# Los Tres Mazos de Cartas

El *Oráculo de los Ángeles* se compone de 44 cartas, agrupadas en tres mazos.

Mazo 1 - Arcángeles

Es el mazo más pequeño, está compuesto de sólo cuatro cartas. Los Arcángeles guiarán tu consulta.

Mazo 2 - Ángeles

Este grupo está formado por 16 cartas de Ángeles. Cada Ángel tiene un significado diferente.

Mazo 3 - Oportunidades

Este mazo está compuesto de 24 cartas, representando veinticuatro Oportunidades que los Ángeles te brindan para acercarte a ellos. En cada una de estas veinticuatro cartas, un Ángel trae un mensaje escrito en una nube. Estos mensajes te servirán de puente para aproximarte al Reino de los Ángeles.

## Cómo Usar el Oráculo de los Ángeles

Es aconsejable que primero realices una meditación para alinear tus energías, y aunque este no es un prerrequisito indispensable, te servirá de ayuda para introducirte más íntegramente en la vibración de los ángeles. Es importante salir del nivel cotidiano del "afuera", para poder conectar con nuestra interioridad. La meditación es un canal que nos eleva hacia frecuencias vibratorias más sutiles. Por eso, te recomiendo que realices una meditación previa a la utilización de las cartas, y verás que los resultados son bien diferentes.

En este libro encontrarás al menos cuatro ejercicios de meditación. Los más explicitados son: El Ángel del Aire, La Luz Dorada y El Árbol. También entregamos un ejercicio para alinear y armonizar los cuatro cuerpos del ser humano con las energías de los Arcángeles.

Si nunca has meditado antes, te recomiendo que empieces con El Ángel del Aire. Es un hermoso y sencillo ejercicio que no requiere práctica anterior.

También te aconsejo que inicies un cuaderno para el contacto con tu Ángel. En él podrás tomar nota de tus consultas al Oráculo. Registra las fechas, las preguntas realizadas y las respuestas obtenidas. Puedes forrar tu cuaderno de un color agradable para que verdaderamente sea algo especial para ti. Te servirá como otro elemento más de encuentro con los Ángeles. Es posible que, con el tiempo, este cuaderno se convierta en tu diario de contacto con tu Ángel, uses o no el Oráculo.

## A continuación, van los pasos que necesitas seguir para consultar el Oráculo de los Ángeles:

**1** *Puedes encender una vela (preferentemente de color blanco) y colocarla sobre la mesa en la que desplegarás las cartas para consultar el Oráculo, o en algún lugar próximo. También puedes encender incienso o mirra, para ayudar a relajar el ambiente y crear un clima propicio e íntimo para la conexión con los Ángeles.*

**2** *Prepárate para una breve meditación, en una postura cómoda y concentrado en tu respiración. Una música tranquila puede ayudarte.*

**3** *Concéntrate en la pregunta que quieres hacerle a los Ángeles. Cuando termines la meditación, escribe la pregunta en tu cuaderno. En caso de que no tengas una pregunta concreta —y eso está bien—, deja que los Ángeles entren en tu vida y pide orientación para la etapa que estás atravesando.*

**4** *Cuando estés listo, toma el mazo de las cartas de Arcángeles, mézclalas y elige al azar, sin mirar, una de las cuatro cartas. Luego observa la imagen del Arcángel que escogiste, su nombre, su* *color. Mira la ilustración detenidamente. Ese Arcángel guiará tu recorrido en esta lectura oracular. Deja la carta sobre la mesa, de modo que veas la figura del Arcángel escogido. Y pon a un costado el resto de ese mazo.*

**5**   *A continuación, toma el mazo de los Ángeles y mezcla las dieciséis cartas que lo componen. Despliégalas sobre la mesa dejando los reversos hacia arriba. No deberás ver el frente de las cartas. Puedes ubicarlas sobre la mesa en cuatro filas de cuatro cartas cada una, o disponerlas en forma de círculo, ubicando al Arcángel elegido en el centro. Luego, deja que tu mano sea guiada por tu intuición, y toma una de las dieciséis cartas de Ángeles. Una vez que seleccionaste tu Ángel, ubícalo junto a la carta del Arcángel que elegiste anteriormente. Recoge las quince cartas restantes y colócalas a un lado.*

**6**   *Por último, mezcla el tercer mazo de cartas, el de las veinticuatro Oportunidades. Despliega las cartas sobre la mesa del lado del reverso, es decir, sin que veas los mensajes. Puedes disponerlas en cuatro hileras de seis cartas cada una. O de manera circular, rodeando al Arcángel y al Ángel seleccionados anteriormente. Luego elige una carta al azar, dejándote guiar por tu intuición. Una vez que tienes la carta en la mano, la das vuelta y lees el mensaje del Ángel, es decir, la Oportunidad o circunstancia con la que te conecta. Coloca la carta junto a las dos anteriores.*

**7**   *Ahora, observa atentamente las tres cartas que seleccionaste, y fíjate si te sugieren algo desde ellas mismas. Cualquier cosa que aparezca en tu mente, anótala en tu cuaderno, sin tratar de razonar si tiene sentido o no. Una vez que hayas realizado tu lectura intuitiva, lee la referencia que contiene este libro.*

**8**   *Busca el texto explicativo que corresponde al Arcángel que has seleccionado, léelo y medita en su significado. Luego, procede del mismo modo con la carta del Ángel, y por último, buscas la descripción del mensaje que aparece en la tercera carta, la de las Oportunidades. Toma nota en tu cuaderno de lo más relevante de cada uno de ellos.*

Una vez leídos los significados de las tres cartas, estás listo para realizar la interpretación. Ya sabrás cuál es el mensaje que los Ángeles y Arcángeles te envían. Anótalo en tu cuaderno. Escribe la fecha.

---

Puedes crear otras maneras diferentes de usar este Oráculo. Déjate guiar por los Ángeles, y luego me cuentas.

# SEGUNDA PARTE

# LECTURA DEL ORÁCULO

## INTERPRETANDO EL ORÁCULO DE LOS ÁNGELES

# Los Arcángeles

## Miguel

ARCÁNGEL MIGUEL

Micael es el nombre que en hebreo se da a Miguel. Pero además se lo reconoce con otros nombres o títulos honoríficos con los que es nombrado en los diversos escritos milenarios. Estos títulos hacen referencia a su gran poderío en el territorio celestial y espiritual. Algunos de ellos son: Príncipe de la Luz, Comandante de las Estrellas, Jefe de las Milicias Celestiales, El de la Espada Luminosa.

En uno de los Manuscritos del Mar Muerto: "La Guerra de los Hijos de la Luz contra los Hijos de las Tinieblas", es donde Miguel es nombrado "Príncipe de *la* Luz", por ser el que conduce a las huestes angélicas contra las legiones oscuras. La espada que lleva en su mano y que lo identifica, lo señala como el guerrero de la luz, el que trae la justicia. Por esta razón, Miguel también es conocido como el ángel del Juicio Final. Su festividad según el santoral es el 29 de septiembre.

Miguel fue el defensor de la nación judía y, luego, del cristianismo. La Biblia nos cuenta cómo detuvo a Abraham cuando estaba a punto de sacrificar a su hijo Isaac, obedeciendo el mandato de Dios para ponerlo a prueba (Gn. 22,9-13). Y cómo se presentó a Moisés en medio de una zarza ardiente (Ex. 3,2).

*"... cuando he aquí que el Ángel de Yahveh le llamó desde el cielo diciendo:*
*— ¡Abraham! ¡Abraham! Y seguidamente continuó:*
*— No extiendas tu mano contra el niño, ni le hagas nada...".*

*(Génesis 22,11)*

> *"Y apareciósele el Ángel de Yahveh en una llama de fuego, en medio de una zarza.*
> *... pero la zarza no se consumía... Dijo pues Moisés:*
> —*Iré a contemplar este gran fenómeno".*
>
> (Éxodo 3,2)

Como podemos apreciar en ambos relatos bíblicos, el que aparece en escena es llamado: "el Ángel de Yahveh". Este es el nombre que le dan a Miguel los rabinos, en las tradiciones hebreas. Lo llaman El Ángel del Señor, usando esta denominación como si fuera su nombre propio. Esta es una muestra más del destacado desempeño de Miguel en el reino celestial según todos los relatos tradicionales.

El Apocalipsis dice que Miguel descenderá del cielo con "la llave del Abismo y una gran cadena en la mano" con la que atará al dragón satánico durante mil años (Apocalipsis 20,1). El libro de Daniel anuncia que cuando el mundo vuelva a estar en auténticas dificultades, reaparecerá Miguel.

Este fin del siglo XX que estamos atravesando es, indudablemente, difícil y trae grandes rupturas y cambios en los que la vigorosa presencia de Miguel se está manifestando en un masivo despertar espiritual de la humanidad. Miguel está haciendo sonar su trompeta para proclamar su llamado. Está activando a las huestes celestiales para formar su ejército luminoso y defender el territorio de Dios. La aniquilación de valores y del respeto por la vida en nuestro planeta desequilibró por completo la balanza. De ahí surge la necesidad imperiosa de un renacer espiritual, de un revalorizarnos como seres superiores emanados de una fuerza mayor. Es necesario que recordemos nuestra verdadera esencia. Es necesario que recordemos quiénes somos realmente. Es necesario que retornemos a la fuente. Miguel está llamando a sus huestes nuevamente. Esta vez nosotros podremos ser los servidores de Dios. Estemos preparados. Mucho tiempo ya ha pasado desde el comienzo de los días. Si esta vez sientes el llamado: ¡alístate! Ángeles y hombres combatiendo por la luz. Tu despertar espiritual es la manera de ganar este combate. Cuanto más cerca estés de tu ángel, más cerca estarás de Dios.

La función de Miguel se cumple dentro de estas polaridades; su tarea es llevar luz donde hay oscuridad. Si la habitación está oscura no vemos nada, nos tropezamos, no sabemos dónde están las cosas. En cambio, si encendemos la luz desaparece la oscuridad. Podemos ver, perdemos el miedo y encontramos los objetos que antes no podíamos encontrar. Del mismo modo, la batalla entre la luz y las tinieblas se está desarrollando aquí en la Tierra, y son necesarias la espada luminosa y la balanza de Miguel para poder vencer, trayendo la luz y el equilibrio. En el justo medio es donde se encuentra la paz. Si has elegido esta carta, te estás eligiendo para ser un portador de la espada de la luz.

Miguel está llamando a un gran despertar a nivel planetario. Es el momento de recordar nuestro origen divino. Nos hemos separado de la Fuente por largo tiempo. Siglos de siglos nos mantuvimos dormidos en un sueño encantado del que ahora estamos comenzando a despertar. Algunos ya están bien despiertos, otros vienen más rezagados y existen también los que aún están durmiendo. El propósito es que despierte la mayor cantidad de humanos posible.

Miguel está haciendo un llamado de urgencia. Los ángeles han acudido de inmediato y comenzaron su tarea desempolvando las alas de nuestro sueño, activando el despertar de nuestros chakras superiores, creando necesidades más sutiles en muchos de nosotros. Nuestras energías están siendo sutilizadas día a día. Cuanto más conscientes seamos de ello, más progreso haremos para traer luz al planeta. Nuestra entrega es fundamental para que la tarea sea realizada. Ángeles y hombres estamos trabajando juntos para anclar la luz en la Tierra. Miguel, como Jefe de las Huestes Celestiales, llama y activa a los ángeles, que son quienes le siguen en jerarquía; para que estos, a su vez, despierten al hombre. Esta es la razón por la que los ángeles están resonando en este momento planetario con tanta fuerza y tan imperativamente. El llamado y la activación de Miguel están despertando a la humanidad a través de los ángeles, quienes nos están anunciando la entrada en un nuevo tiempo.

Es obvio que no todos responderán al llamado. *"Muchos serán los llamados pero pocos los elegidos"*. Somos nosotros quienes nos elegimos, por contar con el libre albedrío. Nadie nos obliga en nuestras decisiones. La libertad nos permite optar. Al seguir el llamado de Miguel estás haciendo una elección, te estás eligiendo para participar en el despertar masivo que te reconectará con tu ángel; para que, de este modo, puedas ayudar a despertar a otros que vienen rezagados y que necesitarán de tu guía. Miguel significa "¿Quién es como

Dios?" o "El que es como Dios". De ahí el poderío que siempre se le atribuye. Es el guardián y custodio del invierno. Esta es la estación más oscura del año. La vida queda detenida en este tiempo. La semilla duerme bajo la tierra. Miguel custodia el umbral entre la luz y las tinieblas. Lo subconsciente y lo profundo, lo que está sumergido en los abismos de lo desconocido. Lo identificamos con el color azul por ser quien reina en el mundo del espíritu, la noche y el sueño. Mientras dormimos, Miguel derrama su energía amorosamente sobre el planeta para despertarnos a una vida más espiritual, sutilizándonos y elevando nuestras vibraciones.

La carta azul del Arcángel Miguel que compone este Oráculo lo muestra llevando en una mano una espada que lo caracteriza como custodio de la Luz, y en su otra mano una balanza simbolizando el equilibrio de lo justo. Las míticas historias de los cielos que hablan de los combates librados entre la Luz y las Tinieblas recuerdan a Miguel como el guerrero defensor del Trono de Dios. Por esto que también lo consideramos nuestro guía y protector espiritual, pudiéndosele otorgar el poder de protegernos y alejarnos de cualquier energía negativa o perniciosa que pueda estar ocupando nuestro plano más sutil.

Si has seleccionado esta carta puedes invocar a Miguel para que su presencia se haga en ti. Él es el protector de nuestro cuerpo espiritual y podrá mantenerte alejado de todo mal, con el poderoso rayo luminoso de su espada. Cada vez que desees una protección a ese nivel, puedes invocar la presencia de Miguel, imaginando una luz azul que te rodea por completo. La paloma de la paz que sobrevuela anunciando tiempos mejores es lo que te trae Miguel con su mensaje. Ahora cierra los ojos para conectarte con la presencia lumínica de Miguel. Permite que la espada de Miguel irradie su rayo azul luminoso que te cubrirá por completo desde la cabeza hasta los pies, formando una coraza protectora. Respira esa energía de paz que emana Miguel en ti e incorpórala dentro. Cuando vuelvas a abrir los ojos, sentirás que la armonía es parte de ti mismo. Te estás abriendo a ser un portador de la luz de Miguel, quien es representante y símbolo de la autoridad, el poder y la dignidad de Dios.

ARCÁNGEL GABRIEL

## Gabriel

Gabriel es una de las principales figuras de la angelología cristiana, judía y musulmana. Se lo cita en las Sagradas Escrituras como el ángel de la anunciación a la Virgen María.

*"A los seis meses, Dios mandó al ángel Gabriel a un pueblo de Galilea llamado Nazaret, a visitar a una mujer virgen llamada María, que estaba comprometida para casarse con un hombre llamado José, descendiente del rey David. El ángel entró en el lugar donde ella estaba y le dijo:*
*—¡Te saludo, favorecida de Dios! ¡El Señor está contigo!*
*Cuando vio al ángel, se sorprendió de sus palabras, y se preguntaba qué significaría aquel saludo. El ángel le dijo:*
*—María, no tengas miedo, pues tú gozas del favor de Dios. Ahora vas a quedar encinta: tendrás un hijo, y le pondrás por nombre Jesús. Será un gran hombre, al que llamarán Hijo de Dios altísimo, y Dios el Señor lo hará rey, como a su antepasado David, para que reine por siempre en la nación de Israel. Su reinado no tendrá fin.*
*María preguntó al ángel:*
*—¿Cómo podrá suceder esto, si no vivo con ningún hombre?*
*El ángel le contestó:*
*—El Espíritu Santo vendrá sobre ti, y el poder del Dios altísimo descansará sobre ti como una nube. Por eso, el niño que va a nacer será llamado Santo e Hijo de Dios. También tu parienta Isabel va a tener un hijo, a pesar de que es anciana; la que decían que no podía tener hijos, está encinta hace seis meses. Para Dios no hay nada imposible".*
(Lucas 1,26-38)

La Biblia menciona también que Gabriel se apareció a Daniel.

> *"Mientras yo, Daniel, tenía esta visión y procuraba enten-*
> *derla, vi que estaba delante de mí una figura semejante a*
> *un varón. Y oí una voz que decía:*
> *—¡Gabriel, explícale a este la visión! Mas él me dijo:*
> *—Sabe, hijo de hombre, que la visón es para el tiempo del*
> *fin".*
>
> (Daniel 8,15)

En ambos relatos bíblicos, el primero del Nuevo Testamento y el segundo del Antiguo, podemos observar la función de Gabriel como anunciador o revelador de circunstancias por acontecer. Unas, próximas y fácilmente comprobables, como son el nacimiento de los hijos de María e Isabel. Y otras lejanas, como la visión de Daniel para el final de los tiempos. A su vez, también los mahometanos lo consideran el Ángel de la revelación, ya que sostienen que fue Gabriel quien dictó el Corán a Mahoma.

Como podemos apreciar, Gabriel es el mensajero de la vida, y es también el que revela misterios. Es el heraldo del nacimiento y el divino guardián de los procesos de generación. La festividad de San Gabriel Arcángel en el calendario gregoriano es el 24 de marzo.

Gabriel es el Arcángel del amor, de los vínculos desde el corazón. Observa sus manos en la carta que lo ilustra en este Oráculo. Están elevadas en actitud de saludo y bendición. Gabriel se nos acerca con un saludo despertando el amor en nuestros corazones. Bendice las uniones entre los hombres, anuncia nuevas vidas, ablanda los corazones más duros. Gabriel es el protector de nuestro cuerpo emocional.

Si miras con detenimiento la carta de Gabriel verás un corazón alado, símbolo del amor elevado y en vuelo. Así es como tu corazón tiene que desplegar sus alas para alcanzar un amor sin fronteras, libre de desapegos y controles. A su vez, podrás ver que este corazón está sostenido y acunado en una flor de loto que se abre en actitud de amorosa entrega. Esto significa que no puede haber verdadero amor si no hay entrega. Los pétalos del loto se abren en señal de apertura y generosidad. El loto es una planta sagrada de Egipto y la India, y presenta una curiosidad especial: la semilla del loto contiene dentro de sí una miniatura de la planta futura, tal como los prototipos espirituales de todas las cosas que existen en el mundo inmaterial antes de materializarse. El loto crece en el agua, que es donde reina el mundo de las emociones. Todos estos símbolos contenidos en la planta del loto nos están enviando el mensaje de Gabriel: algo nuevo va a nacer en tu corazón, en el mundo de tus emociones, y ello requiere de tu entrega.

Esta carta te está conectando con el loto que hay dentro de ti, para que lo reactives, despertándolo a todas las manifestaciones del amor. La buena estrella que corona al corazón dentro de la flor de loto en la imagen de la carta de Gabriel, está señalando la protección luminosa que llega con la presencia de este arcángel en cualquier tipo de vínculo amoroso. Una estrella se abre radiante en el centro de nuestro pecho, al recibir la energía que irradia Gabriel, activando todas las cualidades del amor más elevado: entrega, perdón, desapego, sinceridad, incondicionalidad.

Etimológicamente, el nombre de Gabriel significa: "Hombre de Dios", "Héroe de Dios" o "Dios es mi Fuerza". Al recibir la energía de Gabriel te abres a toda la fuerza de Dios que está implícita en su propio ser, en su propio nombre. A través de Gabriel estás llenándote de esa fuerza y recibiendo, también, la esperanza que emana de la fuerza creadora. Estás haciendo conexión con esa energía, ahora mismo.

Así como Gabriel anunció a María que tendría un hijo, poniendo en ella, a través de su rayo luminoso, la semilla divina portadora de la nueva vida; así, este loto simboliza la vida plena de amor que Gabriel te entrega. Es una semilla que deberás plantar cuidadosamente, seleccionando bien el lugar con antelación para asegurarte que dé los frutos deseados y anhelados. Deberás regar tu semilla hasta que se asome en la tierra y comience a elevar su tallo pleno de vida, para dar hoja tras hoja, flor tras flor y fruto tras fruto.

Gabriel es generador y anunciador de vida, por eso es el guardián de la primavera, época en que vemos renacer hojas, frutos y flores; tiempo en que germinan las semillas. Gabriel te está transmitiendo su energía creadora y dadora de vida. Recibe este potencial que Gabriel te envía. Conéctate en este mismo momento con su vibrante presencia. Cierra tus ojos, inspira profundamente y déjate bañar en la luz verde brillante que emana de Gabriel, tan verde como las hojas de las plantas en la primavera.

Si algo está por comenzar en tu vida, aprovecha este impulso de fuerza y amor que recibes de este Arcángel para integrarlo a tu propósito. Gabriel puede ayudarte a sanar relaciones desde el corazón, ejercitando el perdón, la compasión y los sentimientos más elevados. Pueden ser tanto relaciones familiares, como de pareja o entre amigos. Es un buen momento para regenerar y plantar una nueva semilla al lado de la ya marchita. Agradece a Gabriel la ayuda que te envía.

ARCÁNGEL RAFAEL

## Rafael

Rafael es el jefe de los ángeles sanadores. Su festividad en el calendario gregoriano es el 24 de octubre.

En el libro de Tobías que está contenido en la Biblia, uno de los personajes principales es el Arcángel Rafael, quien curó a Tobías padre, liberó a Sara de sus angustias y fue compañero del joven Tobías durante su largo viaje.

*"Díjole Tobías:*
*—¿De qué familia o de qué tribu eres? Y respondiole el ángel Rafael:*
*—¿Averiguas tú acaso el linaje del jornalero que ha de ir con tu hijo? Yo llevaré sano a tu hijo y sano te lo volveré a traer".*

*(Tobías 5,16)*

Durante el viaje, Tobías preguntó a Rafael:

*"—¿Qué virtudes curativas tienen estas partes del pez que me has mandado guardar?*
*El ángel dijo:*
*—Si pones sobre las brasas un pedacito del corazón del pez, su humo ahuyenta todo género de demonios. La hiel sirve para untar los ojos cubiertos de catarata, y sanarán".*

*(Tobías 6,7)*

Al regresar a la casa de su padre, la Biblia nos cuenta:

*"Entonces Tobías, tomando la hiel del pez, ungió los ojos de su padre. Esperó media hora y comenzó a desprenderse la catarata".*

*(Tobías 11,13)*

De este modo Tobías padre fue curado, recuperando la vista. En este relato vemos claramente el papel de Rafael como sanador, como médico. Él le enseña a Tobías el arte de curar y de utilizar los remedios existentes en la naturaleza. Rafael se manifiesta en sí mismo como curador, y Tobías aprende de él, sanando a su propio padre.

El libro de Tobías, mucho más amplio que este pequeño relato, plantea la lucha entre la salud y la enfermedad. Mostrando que la enfermedad está más allá del cuerpo físico. Nuestro cuerpo físico es un vehículo que nos permite depurar otros niveles de nosotros mismos. Si no podemos limpiar o curar los otros cuerpos (mental, emocional, espiritual) porque no nos damos cuenta o porque tapamos esas emociones, entonces esas penas, rencores o resentimientos que no se expresan, provocarán bloqueos que estancarán la energía. De estos bloqueos energéticos nacen las enfermedades y desequilibrios en el cuerpo físico. Al liberar las culpas se liberan muchas enfermedades estancadas en el alma que, con el tiempo, podrían solidificarse en materia en el cuerpo físico.

Rapha, en hebreo, significa "sanador", "médico" o "cirujano". Al arcángel Rafael se lo asocia con la curación, como ya hemos visto en sus antecedentes bíblicos. Su nombre quiere decir: "El Resplandor que cura", "Curado por Dios" o "Dios cura". Como ángel de la curación, a Rafael a menudo se lo asocia con la imagen de una serpiente, la cual figura en el emblema de la medicina. La serpiente es símbolo de sabiduría y curación. La capacidad regenerativa y transformadora de la serpiente se manifiesta cuando cambia su vieja piel, como si abandonara uno de sus cuerpos para dejar nacer uno nuevo. Si observas la carta que ilustra a Rafael verás la serpiente de dos cabezas, que simboliza esta capacidad regenerativa que trae la curación, permitiendo transformar y renovar tejidos y células permanentemente. Esta es una oportunidad que te está llegando a través de las energías de Rafael. El cáliz que recogió la sangre de Cristo es símbolo de fuente de vida, juventud y bienaventuranza espiritual. Al beber de su sangre recibirás la vida eterna. Rafael te está entregando en forma simbólica en este momento, esa capacidad regenerativa y transformadora que es señal de salud y juventud.

Rafael es protector del otoño. En el otoño caen las hojas de los árboles para luego ser renovadas, del mismo modo que la serpiente cambia su piel. El otoño está envuelto en tonalidades rojizas y Rafael vibra en el color rojo, que es, a su vez, el color de la sangre de vida contenida en el grial. El mismo color de la propia sangre que pulsa desde nuestro corazón manteniendo el ritmo de los latidos en el plano físico. El chakra raíz también vibra en el color rojo que nos mantiene ligados a la tierra, a lo más físico, a la supervivencia.

Rafael es el guardián de nuestros cuerpos físicos; de nuestra salud y sanación. Su energía está relacionada con el crecimiento y la transformación, por lo que cuando te entonas con este Arcángel estás sintonizándote con esas vibraciones; y, a la vez, con todo lo relacionado al mundo físico.

Puedes invocar a Rafael, si estás trabajando en una sanación, tanto de enfermedades, como de abusos o adicciones. Y puedes hacerlo tanto a nivel personal (autosanación), como para ayudar a otro; o para una sanación grupal. Sentirás la energía de Rafael colaborando en la tarea curativa; y si estás sanando a otro, es muy posible que también esta energía sea percibida por la persona con la que estás trabajando.

Ahora, cierra tus ojos y permite que Rafael te envuelva en su energía sanadora, en ese rojo púrpura, para que regenere todos tus sistemas celulares, despejando cualquier bloqueo energético que pudiera existir y purificándote en todos los niveles. Agradecemos a Rafael por su servicio.

ARCÁNGEL URIEL

## Uriel

Uno de los cuatro grandes arcángeles que gobiernan las estaciones es Uriel. Su nombre significa "Luz de Dios", "Fuego de Dios" o "la luz del Sol". Se lo representa con un libro y un báculo que simbolizan su carácter de intérprete de juicios y profecías.

Si observas la carta de Uriel verás el símbolo del átomo dentro del triángulo. Esotéricamente, el átomo es la partícula menos densa de todas las modalidades de la materia en la que actualmente se desarrolla la evolución humana, tanto física, etérica, astral, como mental. Esto significa que dentro del campo de la materia, el átomo es lo más sutil. Este átomo ilustrado en la carta de Uriel está contenido dentro de un triángulo, símbolo de perfección, armonía y sabiduría; lo cual sutiliza aún más la representación simbólica de este átomo. Ambos símbolos están encerrados a su vez en un círculo. El círculo es un símbolo universal de eternidad y representa la perfección divina y la perpetuidad de Dios. El círculo es también símbolo de dinamismo psíquico, pero a la vez pone límites, contornea, contiene; manifiesta la unidad, la armonía universal.

Todos estos símbolos definen claramente el territorio de Uriel, quien es el custodio del conocimiento de los reinos mentales. El símbolo del ocho acostado manifiesta el carácter infinito de sus conocimientos.

Uriel es el protector de nuestro cuerpo mental. Uriel mismo es todo mente en su manifestación más pura y esencial. La literatura oculta expresa que Uriel rige el verano y que está relacionado con las fuerzas del elemento sutil del azufre. Uriel es el protector del Este, del amanecer, de la mañana. Tanto el sol como el azufre y la brillantez del verano evocan en nuestras mentes el color amarillo, y este es el color en el que Uriel vibra.

La ciencia, la economía y la política caen bajo el dominio de Uriel. Esto incluye diferentes aspectos que hacen al mejoramiento de la vida planetaria, desde la descontaminación ambiental hasta la justicia social. El trabajo de Uriel involucra todo tipo de sistemas gremiales, sindicales, cooperativas, empresas, asociaciones, agrupaciones, organizaciones y todo lo relacionado con la tarea laboral. Su presencia está entretejida en las tareas grupales en el nivel planetario. Al introducir la presencia energética de Uriel en cualquiera de dichos ámbitos, estaremos elevando las vibraciones de los planes a desarrollar, las ideas y decisiones a tomar en cualquier campo que sea. Podemos invocar —desde el corazón y con plena humildad— la presencia luminosa del Arcángel Uriel para que la tarea por realizar se vuelva sagrada, protegida e iluminada desde lo más alto.

, Si has elegido esta carta, es momento de sintonizarte con la vibración de Uriel. Ahora cierra los ojos, haz una respiración profunda y relájate. Imagínate completamente rodeado por el color amarillo. Permite que Uriel te envuelva en su energía. Sentirás que te iluminas como un Sol. Uriel trae el brillo del Sol a tu mente, aclara tus ideas y te llena de nuevas energías que te facilitarán realizar los cambios necesarios en tu vida. Uriel es el guardián del reino mental. Al conectarnos con Uriel, traemos claridad a nuestras mentes y a nuestras ideas. Uriel hace renacer el Sol dentro de nosotros para que podamos vislumbrar con mayor nitidez. A veces nuestras mentes están algo "nubladas" y no nos permiten discriminar con claridad. Esto nos puede traer serias confusiones, por no distinguir entre lo tóxico y lo nutritivo. Hay situaciones de las que debemos alejarnos porque nos dañan, nos atan, no nos permiten evolucionar; por lo tanto, son tóxicas para nuestras vidas. Hay otras situaciones (o personas) que, por el contrario, son beneficiosas y nutritivas para nosotros. Sin embargo, si nuestras mentes están "nubladas" no podemos apreciar la diferencia; o, también puede suceder que prefiramos no ver esa diferencia, por comodidad, miedo u otras razones. Recibe el rayo de Sol destellante con que Uriel te baña desde tu cabeza hasta tus pies, permitiendo despejar esa "nube" que nubla tu mente.

La luz de Uriel permanecerá trabajando en ti por unos días, ayudándote en el proceso de clarificación de tus ideas. Cada vez que necesites de su ayuda puedes evocar el color amarillo rodeándote para atraer la presencia de este Arcángel que te iluminará en tu propósito. No olvides agradecer a Uriel la guía recibida.

# Los Ángeles

## El Ángel de la Guarda

Este es el Ángel que está más cerca de ti. Es como tu doble personal, con el que puedes contar en todo momento. Tu Ángel cumple diferentes funciones: es tu maestro, tu consuelo y un amoroso amigo.

ÁNGEL DE LA GUARDA

Generalmente los llamamos Ángeles Guardianes porque están a nuestro lado custodiándonos para que podamos vivir en este planeta, con la sensación de estar permanentemente a salvo. Cuanto mayor acercamiento haya entre tú y tu Ángel, más seguridad y tranquilidad sentirás en tu vida.

El Ángel de la Guarda es una energía vibrante y dorada que nos protege envolviéndonos en sus alas y respetando al mismo tiempo nuestra libertad. Nunca interfiere en nuestro libre albedrío, está junto a nosotros —siempre disponible— para brindar su protección y guía, cuando nosotros se la solicitemos. Nuestra evolución personal depende de nuestras decisiones, y estas son elecciones de vida; pero sólo podemos elegir si somos libres, ya que sin libertad no hay responsabilidad, y sin elecciones no hay evolución. No es posible la evolución personal sin libertad. No es posible la responsabilidad sin libertad. No es posible elegir, si no poseemos el pleno don de la libertad.

El libre albedrío es un don maravilloso otorgado por Dios al hombre para que, por medio de su uso responsable, alcance la maestría en el plano terrenal, y esto, en consecuencia, le permita como alma ascender en su nivel de conciencia hacia otro plano evolutivo superior. Pero Dios otorgó al hombre protección y guía a través de sus servidores —los ángeles—, por lo que asignó un ángel

—custodio o guardián— a cada ser humano encarnado en este planeta, destinado a guiarlo y protegerlo en todo momento.

Dios no nos dejó solos en este rinconcito del Universo, cada uno está protegido por su Ángel Guardián, pero observemos cómo éste —siguiendo los mandatos divinos— respeta nuestra libertad, nuestras decisiones y elecciones acompañándonos en amoroso y cuidadoso silencio, hasta tanto le solicitemos —conscientemente— otro tipo de contacto más cercano y manifiesto.

Tu Ángel de la Guarda te permite conectarte fácilmente con el reino espiritual; y, a su vez, tú al contactarte con él, le permites acercarse a la tercera dimensión, o sea, al plano físico en el que existes como materia. Si has elegido la carta de este Ángel, estás haciendo, ahora mismo, conexión con el Ángel que está siempre a tu lado. Tu Ángel está llamándote a ser más consciente de su proximidad. Ahora, cierra tus ojos, inspira profundamente y ábrete a este amor que tu Ángel personal te brinda, siente su presencia y deja que te envuelva en sus alas.

Agradece a tu Ángel su permanente cuidado y compañía.

## El Ángel de las Relaciones

ANGEL DE LAS RELACIONES

La vida de todos nosotros transcurre asociada con otras personas Aparecemos en el mundo dentro del vientre de una mujer —a la que luego llamamos madre—, gracias a que ella se fundió en el abrazo de un hombre —al que luego llamaremos padre—, que fue el portador del semen para que esta nueva vida comenzara. En los finales de este segundo milenio, en que tanto se anuncia el advenimiento de un hombre nuevo, de una nueva raza dorada..., ¿qué hacemos nosotros para colaborar en este proceso? Seguimos uniéndonos, perteneciendo a familias y formando otras nuevas, pero... ¿son verdaderamente "nuevas" o son la repetición de lo mismo?

Esta entrada en el nuevo tiempo es un desafío para todos los que asuman el compromiso ineludible de participar en el cambio que engendrará la nueva raza. Y no se trata sólo de concebir hijos desde el plano físico, sino de elevar el espíritu más allá de la materia. Las concepciones pueden convertirse en una unión sagrada. En realidad siempre lo son, aunque no seamos conscientes de ello, ya que en todo acto creador está Dios presente. Sin embargo, podemos participar de manera más consciente, poniendo la intención y pidiendo que sean guiadas por un ángel. A través de la meditación y previamente a la unión sagrada del hombre y la mujer, podemos invocar al Ángel de las Relaciones, en un respetuoso e íntimo encuentro espiritual previo al encuentro físico. Podemos también invocar la presencia hiperlumínica del Arcángel Gabriel, si lo deseamos.

De este modo irán apareciendo las nuevas familias, los nuevos hijos, la nueva raza de la que tanto se habla. Con un sentido más sagrado y respetuoso de la vida.

A veces no estamos conectados con quienes ayudarían a que completemos la trama de la vida que vinimos a tejer en esta encarnación. Estos ángeles conectan —a través de hilos invisibles— ciertos vínculos. Esto no significa que nos manejan a su antojo, sino que facilitan ciertos encuentros con quienes nos es conveniente entrar en contacto para continuar con nuestra evolución personal como Ser. Por supuesto que todo dependerá finalmente de nuestra propia elección y decisión, ya que nuestro libre albedrío nos habilita para ello, y es necesario que así sea dentro del orden del Gran Plan divino. En última instancia, siempre somos nosotros mismos quienes elegimos nuestro camino, pero recibamos con regocijo la ayuda de estos ángeles que colaboran con nosotros para facilitar e iluminar nuestros vínculos y relaciones.

Si has elegido esta carta, estás recibiendo la vibración de estos ángeles que tejen lazos invisibles conectando a unos con otros, colaborando con aquello que a veces denominamos "coincidencias" o "casualidades". Si estás deseoso de unirte a un grupo nuevo o a una pareja, recibe la ayuda que el Ángel de las Relaciones te está brindando; y cada tanto puedes pedirle que te ayude en estas situaciones, o en cualquier dificultad que requiera especial atención y discernimiento, dentro del ámbito de las relaciones con los demás.

El Ángel de las Relaciones es una ayuda y guía para el mejoramiento de los lazos que ligan a las personas, ya sean familiares, amigos, compañeros de trabajo, etcétera.

Cierra los ojos y recibe la energía amorosa de este ángel envolviéndote en sus alas. Puedes imaginar a tu lado a los seres con los que quieras mejorar tus relaciones, y todos recibiendo a su vez esta energía rosada del amor envolviéndolos, despertando la estrella luminosa que hay dentro de cada uno. Mantén esta conexión por unos días, irá guiándote en tus situaciones de relación con los demás. Puedes volver a pedir la ayuda de este ángel cada vez que lo sientas necesario.

Agradece la guía recibida.

## El Ángel de las Polaridades

Vivimos en un mundo de polaridades. Aprendemos de los opuestos. Los contrastes entre el frío y el calor nos permiten conocer la temperatura. Sabemos qué es el bien por oposición al mal. La luz es lo que pone fin a la oscuridad.

Transformarnos y ser. Cada uno de estos pares de dualidades es facilitado por los Ángeles de las Polaridades. Algunos de estos trabajan con la energía de acción o masculina, llamada Yang por los orientales. Otros, trabajan con la energía receptiva o femenina, llamada Yin. El Ángel de las Polaridades intermedia en tu comportamiento, ayudando a balancear estas dos energías o polaridades que habitan en ti.

ÁNGEL DE LAS POLARIDADES

Todos tenemos energía femenina y masculina circulando en nosotros, independientemente de que seamos hombres o mujeres. Pero el estilo de vida predominante en los finales del siglo XX impone un alto desarrollo y utilización de la energía masculina o Yang, tanto en los hombres como en las mujeres.

Nuestra sociedad occidental da mucha importancia al consumo y la acción. Se jerarquiza el estar en movimiento permanentemente, como si esto en sí mismo constituyera un acto virtuoso. Trabajar y producir sin detenerse. Y a la hora del descanso: salir a correr o jugar al tenis. Nunca hay que parar. Los teléfonos celulares colaboran para mantenernos "conectados" todo el tiempo con nuestras obligaciones y actividades. No perder el control de todo lo que sucede parece ser primordial. Las noticias, la televisión y la radio (salvo raras excepciones), nos mantienen ligados, y sin darnos tregua, a cuanta acción de cualquier tipo esté aconteciendo en el mundo. Todo esto promueve un alto nivel de estrés, generado por una descarga constante de adrenalina, sobrealimentada frecuentemente con el uso de estimulantes legales e ilegales. Este abuso de acción promueve en el ser humano un desequilibrio energético que lo pone irritable, tenso y proclive a desarrollar todo tipo de enfermedades, como la hipertensión, problemas digestivos y articulares, y otros desarreglos como ya es bien sabido.

El Ángel de las Polaridades restaura el equilibrio entre los opuestos complementarios, es decir, entre la energía Yang y la energía Yin que habitan en todos nosotros. La energía Yin se activa a través de la contemplación y la quietud. Su característica es la receptividad, el mirar hacia adentro, a lo más oscuro de las profundidades. Nos conecta con la esencia del ser en la que todos, finalmente, somos Uno. Podríamos decir que el Yin es la noche, mientras que el Yang es el día. Tememos a la noche porque está oscura y no podemos ver, esto está asociado con el temor a lo desconocido. El aspecto Yin es el más lejano y desconocido para el hombre occidental, es el menos valorizado y está ligado con el autoconocimiento. El Yin es lo oculto o inconsciente; el Yang es lo visible, lo consciente.

El Yang-Yin que ilustra la carta de este Ángel es un antiguo símbolo chino que alegoriza la distribución dualista de las fuerzas que componen nuestro mundo. Aparece en forma de círculo dividido por una línea que no es recta, lo cual le da un sentido dinámico a esta separación de energías. La mitad de color más claro simboliza la fuerza Yang, y la oscura la Yin. Pero cada una, a su vez, contiene a la otra, como se ve graficado en los pequeños círculos opuestos que están dentro de cada parte. Esto simboliza que toda modalidad encierra siempre un germen de lo opuesto. Lo cual significa que si avanzamos un poco más allá, no existe tal división, sino que todo es Uno.

Si el Ángel de las Polaridades comenzara a hacer girar la rueda de la transformación en la que está contenido este Yang-Yin, veríamos que se disolvería la diferencia entre ambas energías. La velocidad de la rueda mezclaría los colores y se perdería de vista la división existente cuando la rueda está quieta. En esa unificación encontraríamos el equilibrio de estas fuerzas. Pero, para que tal equilibrio se manifieste en nuestras vidas, es necesario, en primer lugar, darnos opción a desarrollar por igual ambas energías. Si elegiste la carta de este Ángel, y vives en el hemisferio occidental, lo más probable es que necesites actuar tu energía Yin. Para ayudarte puedes practicar yoga, eutonía, meditación o cualquier actividad que te permita usar este aspecto tuyo y te promueva a conectarte con lo más interno y profundo de ti mismo. Pero como se trata de balancear polaridades, tal vez esta carta te esté hablando, por el contrario, de sacar afuera tu energía de acción. Tú verás, de acuerdo a como se esté desarrollando tu vida en este momento, cuál de las dos energías necesitas activar para poder equilibrar tus polaridades,

En cualquiera de los dos casos, el Ángel de las Polaridades te ayudará a balancear estas dos fuerzas primigenias, de manera que te sientas más integrado y completo. Escucha sinceramente tu interior y recibirás la guía más acertada.

## El Ángel de la Transmutación

ÁNGEL DE LA TRANSMUTACIÓN

La transmutación tiene que ver con el cambio. Mutar es cambiar. El prefijo "trans" quiere decir "del otro lado". De modo que nos trae la idea de un gran cambio, de una gran diferencia, que nos haría pasar hacia el otro lado.

Los Ángeles de la Transmutación también pueden ser llamados Ángeles de la Alquimia, porque ese es su trabajo: la gran transformación. Los alquimistas pasaban sus días tratando de transformar los metales bajos en oro y en la búsqueda del conocimiento de las fuerzas sutiles de la naturaleza, que les permitirían obtener la Piedra Filosofal y el elixir para alargar la vida.

El origen de la alquimia se pierde en un punto muy lejano en el tiempo y no hay consenso en cuanto a sus orígenes. Existe una leyenda basada en el Libro de Enoch y transmitida por un alquimista griego del siglo II (después de Cristo) llamado Zósimus de Panópolis, que dice que la alquimia se origina gracias a los conocimientos transmitidos por los ángeles caídos. Estos ángeles habrían revelado al hombre los secretos de la magia, la astrología, la alquimia y el poder de las hierbas. Otros estudiosos dicen, en cambio, que la alquimia nació en China antes de la era cristiana, entre los siglos V y III. Una tercera posición sostiene que fue el dios Hermes (Thot) de Egipto, su creador, existiendo ciertas evidencias de que la transmutación de los metales se inició en este último país. Se cree que los árabes llevaron la alquimia a Europa, donde durante la Edad Media alcanzó un gran desarrollo aunque generalmente encubierto por un velo de secreto y misterio, debido a que los alquimistas comenzaron a ser perseguidos por la Inquisición.[1]

Uno de los símbolos que ilustran la carta del Ángel de la Transmutación es el fuego. Para los alquimistas el fuego era considerado como un agente de transformación, pues todas las cosas nacen del fuego y a él retornan. Ellos sostenían que el fuego era un elemento que actuaba dentro de cada cosa. Hay dos tipos de fuego, uno de nivel terrestre, asociado con el calor solar y la energía física; y otro de nivel espiritual que es místico y sublimador. El fuego se encuentra constantemente asociado con las religiones desde la prehistoria. Los aborígenes reconocieron desde un principio el sentido sagrado del fuego, y la conexión entre este y el Sol.

La acción del fuego es altamente purificadora. Los antiguos celtas encendían fogatas los 31 de octubre, día en que finalizaba el año de acuerdo con su calendario. Eran celebraciones rodeadas de gran alegría en las que se quemaban cosas viejas, como símbolo de liberación, para comenzar más livianos y puros el año nuevo. Una manera de iniciar el año con desprendimiento y desapego. Muchas iniciaciones espirituales se hacían junto a un Fuego Sagrado.

Hay un fuego sagrado interno y otro externo. El interno a veces se activa a la manera de bronca, pero puede ser transmutado con amor, en amor. El amor es la contrapartida del odio, pero ambos son fuego. Es una misma energía que debemos aprender a balancear dentro de nosotros. Ese equilibrio es una alquimia interior del fuego interno. Podemos transformar la bronca en amor elevado, porque ambos son fuego, y el fuego es un agente transformador en sí mismo. El Ángel de la Transmutación te permite esta alquimia dentro de ti.

---

[1] Los tribunales de la Inquisición, establecidos en 1183 por el Concilio de Verona, reprimían los delitos de apostasía (negación de la fe cristiana), de brujería y de magia. La Inquisición violaba abiertamente la libertad de conciencia, siendo contraria al espíritu mismo del cristianismo. Floreció especialmente en Italia y España, a partir del siglo XIII. Suprimida por Napoleón en 1808, fue restablecida de 1814 a 1834.

Hacer arder el fuego para quemar viejos hábitos o creencias que ya no nos sirven más, y de este modo estar más libres para que lleguen experiencias nuevas a nuestras vidas.

A veces lo que tenemos que cambiar es lo más sutil, y por ello puede darnos mucho trabajo lograrlo. Este Ángel llega para ayudarte a realizar esta transformación. La transmutación de los pensamientos negativos en positivos es una alquimia posible de realizar con la colaboración y guía de estos Ángeles. Es necesario purificar el cuerpo mental para poder recibir los diseños perfectos de Dios para luego poder manifestarlos, estando libres de toda duda, temor, ridículo y otras tantas fuerzas negativas que intentan destruir todo lo constructivo. Es necesario también purificar el cuerpo emocional a fin de que el diseño alojado en el cuerpo mental esté libre de todo egoísmo y ambición personal, los que podrían destruir la forma del diseño antes de que se materialice.

Para todo esto es necesario invocar la Ley del Perdón; para todo mal uso de la propia energía (mental, emocional o etérica) que se haya hecho durante esta vida u otras anteriores. De este modo, estaremos listos para alcanzar el don de la Pureza. Irradiando luz como soles.

El fuego sugiere: sol-calor-luz, el amanecer, despertar, abrir los ojos, levantarse, comenzar el día. El fuego es acción, movimiento. Con el Ángel de la Transmutación se despierta en ti esta energía de acción y purificación. Estás preparándote para un nuevo comienzo en el que resurgirás de las cenizas, como el ave fénix, que te muestra la carta de este Ángel.

El ave fénix es un ave fabulosa que renace de sus cenizas. Dice la leyenda que, cuando veía cercano su fin, reunía maderas y resinas aromáticas, que exponía a los rayos del Sol para que ardieran y en cuyas llamas se consumía. De la médula de sus huesos nacía otra ave. El ave fénix simboliza la inmortalidad. Nos muestra la posibilidad de morir y renacer.

La transmutación es muerte y renacimiento. Es necesario que algo termine para que algo nuevo comience. Son ciclos que se suceden formando la cadena de la vida.

El Ángel de la Transmutación te acompañará en este proceso de purificación y cambio. Vas a encender tu propio fuego. Toma un papel y un lápiz, y siéntate en calma. Cierra los ojos, realiza una respiración profunda e invoca la presencia de este Ángel. Pide que lleguen a tu mente aquellas costumbres o creencias de las que necesites liberarte por no ser más necesarias en tu vida. A medida que se vayan clarificando en tu mente, las vas escribiendo en tu papel. Cuando tu lista esté completa, léela una vez más para asegurarte de que tienes bien presente lo que estás soltando. Finalmente quemas el papel y lo arrojas a un recipiente con agua o al agua del *toilette* (es una manera indirecta de llegar al río o al océano).

Cada vez que necesites transmutar algo en tu vida, puedes utilizar este proceso, acompañándote de la guía y protección de este Ángel. Luego de realizar el trabajo, estarás listo para renacer como el ave fénix. Un nuevo camino te espera.

Agradece al Ángel de la Transmutación su presencia en tu vida.

## El Ángel de los Conocimientos

Áncel de los Conocimientos

Esta carta nos muestra a un ángel muy atareado entre libros, periódicos, teléfono, antenas satelitales, rodeado de multimedios de comunicación. Este ángel es el guardián de los conocimientos celestiales y universales. Es quien custodia los Registros Akáshicos.

Se denomina Anales Akáshicos, Registros Akáshicos o Memoria Akáshica a los archivos guardados en los planos superiores, llamados también "Memorias de la Naturaleza" o "Memoria del Logos". En estos archivos están registrados en forma permanente las imágenes o recuerdos de todo cuanto ha sucedido o sucederá en el tiempo del mundo físico de la tercera dimensión; ya que todo pensamiento, palabra y obra, cualquiera que sea su importancia, levanta vibraciones que dejan impresiones en la materia.

Los Registros Akáshicos no constituyen una copia inerte, sino un mundo activo y animado, como una película, pero mucho más real. Los Ángeles del Conocimiento están muy relacionados con las personas que canalizan información. La canalización es un proceso muy antiguo por el cual, en condiciones especiales, un ser humano puede abrirse como "canal" para recibir ciertos datos que le llegan de un mundo que está más allá de la materia física. Muchas veces, la información viene directamente de estos ángeles que son quienes emiten los conocimientos que deben ser recibidos en cada tiempo. Las trompetas que se ven sobre la mesa de trabajo de la carta del Ángel del Conocimiento simbolizan su calidad de anunciante y mensajero celestial. Los anuncios que, de tanto en tanto, nos entregan estos reporteros del cielo, nos traen nuevas enseñanzas, "inventos" o descubrimientos que ya es tiempo de que los humanos los reciban. De este modo colaboran con nuestro proceso evolutivo y con nuestro despertar.

Aunque el proceso de "canalización" no es lo más común, en estos tiempos cada vez más personas lo están desarrollando. Especialmente las dedicadas a la meditación y desarrollo de su camino espiritual.

Otras veces, estos ángeles nos acercan al conocimiento que necesitamos para avanzar en el camino de nuestro propio desarrollo. De manera indirecta, pueden manifestársenos a través de un libro que curiosamente nos llama la atención en una librería o que ocasionalmente nos presta un amigo, o en las palabras de un conferenciante. Estate atento, en los próximos días es posible que recibas un conocimiento que te sea crucial para tu actual proceso. Permanece alerta; alguna información importante para este momento de tu vida estás recibiendo o estás por recibir, y puede llegar a ti por el medio menos esperado. Si crees que no te llega, puedes pedir aclaración al Ángel del Conocimiento para que te ayude a descubrir los datos a los que no estás poniendo atención.

ANGEL DE LOS SUEÑOS

## El Ángel de los Sueños

Los sueños fueron estudiados desde la más remota antigüedad, por las diferentes culturas. Han sido consultados como oráculos por reyes y emperadores antes de tomar grandes decisiones. Los sabios de las tribus indígenas —los chamanes—, eran consultados porque, entre otras cosas, obtenían aclaraciones e informaciones en situaciones de difícil resolución a través de sus sueños o trances. Las Sagradas Escrituras consideran que los sueños son revelaciones divinas. En muchos pasajes bíblicos, los ángeles anuncian o envían mensajes a través de los sueños.

*"Un ángel del Señor se le apareció a José en sueños, y le dijo: levántate, toma al niño y a su madre y huye a Egipto".*
*(Mateo 2,13).*

José no dudó de su sueño, sino que se levantó e hizo lo que el ángel le había dicho. En el Génesis, un ángel instruye a Jacob en un sueño (Gn. 31,11). Y podríamos seguir enumerando muchos otros ejemplos. Más recientemente la psicología se dedicó también al estudio de los sueños. Todos buscamos algo en ese mundo mágico y misterioso que revela contenidos de nuestro inconsciente y del inconsciente colectivo. Pero hay mucho más que eso en los sueños. El sueño puede ser una puerta de entrada en otras realidades dimensionales, tal como fue sustentado por todos los pueblos primitivos. A través de los sueños atravesamos un portal que nos lleva al ingreso en el no tiempo. Perdemos el sentido dimensional del espacio y del tiempo. Las formas cambian, pueden aparecer ciudades de cristal y ángeles que nos cuidan o nos anuncian algún acontecimiento en nuestras vidas.

La meditación es otra manera de entrar en el no tiempo y en donde podemos visualizar a estos Ángeles de los Sueños enviándonos mensajes.

Si has seleccionado esta carta es porque te llegará aclaración a través del Ángel de los Sueños. Cuando te vayas a dormir o cuando realices tu próxima meditación, invoca la presencia del Ángel de los Sueños para recibir su protección y su guía. Él cuidará de estos momentos tuyos en la entrada en el no tiempo. Sube con confianza la escalera con la que el Ángel de los Sueños te invita a ingresar en su reino, donde recibirás la guía esperada. Que tengas dulces sueños con los ángeles.

## El Ángel Sanador

ÁNGEL SANADOR

La sanación es un proceso que se desarrolla en nuestro interior. Sin embargo, podemos recibir energías sanadoras que llegan desde afuera y que nos ayudarán a activar este proceso interno. Los Ángeles Sanadores son transmisores de esta poderosa energía curativa. La transmiten directamente a los enfermos o a personas con cualquier ligero desarreglo momentáneo. Estos ángeles se acercan sutilmente mezclándose entre médicos y enfermeros cuando realizan sus tareas curativas, emanando su energía sanadora sobre el enfermo.

Si invocamos a los Ángeles Sanadores en forma consciente aumentamos su presencia en cualquier proceso curativo. Es posible que el paciente mismo sienta que alguien lo está tocando —por fuera o por dentro, en sus órganos o huesos— y manipulando alguna parte de su cuerpo. Puede ser que sienta también algún pinchazo. Los Ángeles Sanadores equilibran nuestro cuerpo energético y trabajan con el cuerpo astral; luego, los resultados de esa tarea se hacen visibles en el cuerpo físico.

Podemos pedir a los Ángeles Sanadores que nos asistan cuando estamos enfermos. O pedirles que activen la curación de otras personas. También podemos pedirles que colaboren con nuestros médicos o los de otras personas, durante operaciones u otras prácticas médicas. Los médicos y terapeutas de todo tipo que piden asistencia a los Ángeles Sanadores y al Arcángel Rafael, quien es el comandante de estos ángeles, sienten un gran alivio mientras realizan su tarea. Perciben la maravillosa compañía que los guía al realizar su trabajo.

Muchas veces una enfermedad no es sólo lo que aparenta ser. Hay grandes mensajes ocultos para descifrar en ella. Es posible que hayamos elegido —en forma inconsciente— la enfermedad como camino para acelerar nuestra evolución, como una manera de purificar, de eliminar toxinas acumuladas dentro de nosotros por acciones pasadas. En general, los humanos no somos conscientes de haber elegido la enfermedad con algún propósito de aprendizaje, y este concepto puede llegar a sonar algo raro para nuestras mentes.

El Ángel Sanador te trae también la oportunidad de aprovechar las enseñanzas que tu eventual enfermedad o síntoma físico están tratando de mostrarte. Estas son señales que nos quieren alertar de algo que es posible cambiar en nosotros, en nuestras actitudes y pensamientos, lo cual redundará en nuestro beneficio si seguimos la guía de los Ángeles Sanadores.

A veces las enfermedades nos traen mensajes en clave sobre hábitos o creencias que debemos cambiar en nuestro sistema de vida. Si tienes que dejar algún hábito o creencia que ya no te sirve en la actualidad, aprovecha la asistencia de los Ángeles Sanadores quienes se acercan a ti a través de esta carta dándote una nueva oportunidad de curación y reparación en cualquier nivel. El Ángel Sanador emana energía de sus manos que, a su vez, recibe desde lo más elevado. La estrella luminosa que en la ilustración de la carta vemos sobre la cabeza del ángel, está derramando luz cósmica que entra por la cabeza del ángel, formando una triangulación que la lleva hasta el centro de su pecho y a sus manos, en un ciclo que lo retroalimenta de energía permanentemente.

Si observas detenidamente la carta del Ángel Sanador verás también la cascada de agua que cae a sus pies. Recibe la metáfora del agua como purificadora y sanadora, la cual fue puesta por Dios en nuestro planeta, con el propósito de que podamos reflejarnos en su pureza. Déjate bañar en la cascada cristalina y purificadora que este ángel te brinda y conéctate con el sanador que hay en ti. El agua es símbolo de purificación y limpieza. Desde tiempos inmemoriales han existido las aguas medicinales en todas partes del mundo. El Dr. Bach, en su sistema de medicina floral, clasificó una esencia que no es flor, sino agua de roca. Es agua proveniente de un manantial de Gales al que, desde la antigüedad, se lo reconoce por sus cualidades curativas.

La presencia del arco iris sobre la cascada de agua amplifica sus poderes sumándole las vibraciones de sus colores armonizadores. (En esto se basa la cromoterapia*).

El arco iris y sus colores impresionaron a los pueblos primitivos desde el comienzo de los tiempos, siendo considerado después del diluvio como un signo de reconciliación entre los hombres y Dios. El agua es generadora de vida, en ella se producen o se renuevan los gérmenes primordiales por la acción de la Luz primaria. El universo visible fue formado por agua. El Agua de Vida ha sido santificada por la magia teológica y por casi todas las religiones. Los cristianos la utilizan como medio de purificación espiritual en el bautismo y en

---

* Cromoterapia: ciencia curativa por el empleo de los colores. El sistema se conoce desde la antigüedad. En la actualidad se la aplica de diferentes formas: por medio de ropas, pantallas o lámparas coloreadas, embadurnamiento, sumergiendo al enfermo en un baño de luz coloreada u ofreciéndole la visión de objetos de color. A grandes rasgos y para dar una idea al lector, podemos decir que los derivados del rojo y el amarillo son colores estimulantes, en cambio los azules y violeta son sedantes. Muchas enfermedades son tratadas por la cromoterapia, la cual combinada con el sonido y los aromas, trae efectos muy armonizadores.

las oraciones; los indios reverencian devotamente las aguas de los sagrados arroyos, lagos y ríos; los mahometanos creen en su eficacia.

Esta carta te está trayendo una oportunidad de purificación y sanación personal en todos los niveles. Al terminar la consulta del Oráculo, o en cuanto te sea posible, date un baño de inmersión preferentemente con hierbas y sales en el que también sumerjas tu cabeza por unos instantes reiteradas veces. La vibración del agua armoniza y ordena el aura. Si usas la ducha mójate completamente de pies a cabeza y permanece bajo el agua el mayor tiempo posible. Mientras lo haces, recibe la energía sanadora que este ángel derrama en ti a través del agua, y siente cómo va despejando cualquier bloqueo energético que pudiera existir. Luego vístete con ropas limpias y perfumadas.

Hay ocasiones en las que tenemos un hijo o pariente con un poquito de fiebre o algún malestar pasajero. Ya hemos llamado al médico, este lo revisó y le indicó algún tratamiento. Sin embargo, queremos "hacer algo" para ayudar al enfermo. Esta carta te está abriendo la posibilidad de que canalices energía sanadora del ángel. Si deseas hacerlo, realiza primero la purificación personal a través del agua, tal como está explicada en el párrafo anterior. Luego, tras una breve meditación para alinear tus energías, invoca la presencia de este ángel para que te asista. Solamente permanece al lado del enfermo en esta actitud de silencio y recogimiento, el ángel obrará por ti.

No olvides agradecer al ángel la energía sanadora que te entrega.

## El Ángel Entonador

ÁNGEL ENTONADOR

La música es, según la definición tradicional, "el arte de combinar los sonidos". En la actualidad debido a los estudios de bioenergética y a la práctica de la musicoterapia, sabemos que la música es mucho más que eso. La música es un gran armonizador de energías, pero puede ser también un desarmonizador; dependiendo de las vibraciones o melodías elegidas.

Pude observar recientemente en un recital de rock al aire libre, la energía de un enorme árbol durante el concierto.

En realidad, estaba viendo su aura antes de que empezara a tocar el grupo. Era luminosa y grande, como una radiación de casi un metro de extensión rodeando su inmensa copa. El árbol estaba cerca del río, en una zona que hasta el momento fue bastante silenciosa y tranquila. Cuando la banda comenzó a tocar, el aura del árbol comenzó a agitarse desordenadamente, cambiando su luminosidad blancuzco azulada en una tonalidad rojiza. Esto me dejó completamente sorprendida, y durante un rato estuve observando el comportamiento del árbol en relación al sonido. Cuando la música era más estruendosa, el desorden se agitaba alrededor del árbol, en cambio cuando era más suave, el movimiento se ordenaba o se calmaba, y cambiaba su coloración.

Creo que esto es lo mismo que nos pasa a nosotros en relación con los sonidos. El sonido es una vibración que emite ondas. Los seres humanos, las plantas y los animales también emiten ondas. En los ambientes queda detenida la onda vibratoria de las personas que los frecuentan. Alguna vez habremos dicho, o escuchado decir: "Qué buena (o mala) onda hay en este lugar", o lo mismo refiriéndonos a una persona. En esos momentos estamos hablando de estas ondas vibratorias que emitimos y captamos. Somos como una radio, con antena y todo. Pero a veces no damos crédito a nuestras propias percepciones, dudamos de ellas, y es entonces cuando generalmente nos equivocamos. Comenzamos a razonar y a emitir juicios, deteniendo así la información recibida más allá del control de nuestra mente que todo lo quiere dominar. Permanentemente estamos captando vibraciones, aunque no seamos conscientes de ello. A veces son auditivas, otras visuales y otras no visibles. Todas ellas nos brindan información de algún tipo, aunque muchas veces no sabemos decodificarla y perdemos así la oportunidad de usarla en nuestro beneficio y el de otros. Cuanto más nos vayamos sutilizando, más perceptivos estaremos e iremos recibiendo los mensajes más fluidamente.

La filosofía esotérica nos dice que cada sonido en el mundo físico de la tercera dimensión despierta su correspondiente en los planos sutiles e invisibles, impulsando a la acción a una u otra fuerza del lado espiritual de la naturaleza. (Esto tendría que ver con la reacción que observé en el aura del árbol). Además, cada sonido se corresponde con un color, un número, una presencia espiritual y una sensación, tanto física como sutil.

Cada uno de los siete chakras o centros de energía que todos poseemos, vibra en un color y en una nota musical determinado. Podemos alinear nuestras energías sintonizando la vibración de cada chakra con el sonido y color correspondiente. El Ángel Entonador te ayudará en este propósito.

El sonido Om es utilizado para armonizarnos. Hay músicas especiales para meditar que emiten los sonidos adecuados para alinear las energías de cada chakra. Podemos utilizar un tono de voz que induzca a la relajación. Existen campanas especiales para armonizar ambientes y personas.

El sonido nos acompaña permanentemente y puede ser un aliado para que nos sintamos mejor. Podemos crear un ambiente agradable, si consideramos el valor y la importancia del sonido. Las antiguas tradiciones conocían muy bien los efectos y la importancia del sonido. Los Mantrams son un testimonio de ello. *Mantram* es una palabra sánscrita con la que se asignan ciertos sonidos de carácter mágico o sagrado. Pueden ser sonidos, o una palabra o combinación de palabras utilizadas como encantamiento, sortilegio o alabanza. Los hindúes y los brahamanes los utilizan para conectarse con la pureza invisible de lo sagrado. El antiguo cristianismo los repetía en sus letanías en latín. Los cantos gregorianos son otro estilo de repetición cantada que promueve un estado espiritual meditativo y aquietado. Las lenguas como el sánscrito, el latín y el hebreo tienen palabras que dinamizan cierta cantidad de energía si son pronunciadas con una atención concentrada y dirigida.

También se han realizado experiencias en las que las plantas desarrollaron un crecimiento más favorable que el habitual por haber "escuchado" música clásica. Este tipo de música también es aconsejado para enfermos porque acelera el proceso curativo y genera endorfinas (sustancia que fabrica el organismo y que calma el dolor, entre otras habilidades).

El universo dio comienzo por un sonido: *"En el principio era el Verbo..."*.

En los próximos días trata de considerar los efectos del sonido en tu vida cotidiana y coméntalo con otras personas. Es posible que, a su vez, sirvas de ayuda a otros que puedan reflexionar en el impacto que produce en sus vidas el tono de voz (propio y ajeno), el volumen de los sonidos que escuchan y el tipo de música que acostumbran oír; como también las palabras que utilizamos. Por supuesto, todo esto sin criticar ni juzgar. Solamente llévalo como una reflexión para compartir, no como un cambio a imponer. El Ángel Entonador está llegando a ti para sintonizarte con las vibraciones y sonidos celestiales. Su arpa entonará la melodía que necesitas ahora para estar más balanceado y armónico. Tú serás como un delicado instrumento musical, que necesita ser afinado, para lograr un mejor sonido y funcionamiento en el máximo de sus posibilidades. Entrégate a las vibraciones del Ángel Entonador, tal vez puedas escuchar los sonidos mientras te entona. Y es posible que veas los colores en los que te envuelve. Cierra ahora los ojos y recibe las vibraciones que emanan del arpa de este ángel. Luego agradece al Ángel Entonador por haber afinado y sintonizado tus energías.

## El Ángel de la Paz

ÁNGEL DE LA PAZ

En este final del siglo XX, cuando los opuestos se ven más marcados que nunca en la historia de la humanidad, ocurre que mientras muchos de nosotros clamamos por la paz, hay otros tantos que sostienen la existencia de la guerra.

Miles de personas y algunas naciones de nuestro planeta viven de los dividendos que retribuye esta gran industria. Lamentablemente, esta es una grave distorsión en el sistema de vida planetario actual, que nos está arriesgando a todos a desaparecer como forma de vida en la Tierra. En este momento crucial en donde hay varios focos belicosos en distintos puntos matándose por la propiedad de un pedazo de tierra o de unos pozos de petróleo, estamos, a la vez, ingresando en la Era de Acuario, que nos habla de una tierra sin fronteras, sin divisiones de razas, credos o naciones.

Esta hermandad, hacia la que vamos dirigiéndonos como humanidad, está sostenida por miles de personas en el planeta que, como contrapartida de los guerreros separatistas, forman el grupo de los pacifistas unificadores. Esta contraposición tan polarizada es parte de este proceso de final de ciclo que estamos todos atravesando. Es un gran desafío para los trabajadores por la Paz. Es necesario continuar con la tarea, meditando grupal e individualmente por la paz planetaria. Las meditaciones grupales generan una potenciación de la energía y del propósito. Se están realizando en todas partes del mundo por personas de diferentes religiones y creencias; lo cual aumenta su sentido ecuménico y englobador. Es tiempo de aceptarnos en las diferencias, desarrollando la tolerancia y la compasión; con estos ingredientes podremos alcanzar la paz tan anhelada por muchos (hasta por quienes promueven la guerra).

El Ángel de la Paz nos trae las cualidades necesarias para que podamos ser agentes portadores de la Paz. Recibámoslas para poderlas infundir primero en nosotros mismos. Una vez que la paz se instaure dentro de nosotros, nos convertiremos en estandartes de la paz y la iremos irradiando con nuestra sola presencia, sin necesidad de emitir palabra alguna. La Paz se hará en nosotros y en quienes estén a nuestro lado.

La paz es una energía muy poderosa, emanadora de una gran fuerza. Con sólo pensar en ella, ya la estás atrayendo a tu momento presente.

Las palomas blancas que acompañan al Ángel de la Paz en su dulce vuelo son un símbolo tradicional de esta poderosa fuerza. El Evangelio nos cuenta que el Espíritu Santo descendió sobre Jesús, en su bautismo, "en forma de paloma" (Lucas 3,22). La paloma es, pues, símbolo de la pureza del alma.

Observa la imagen del Ángel de la Paz rodeado de colores azulados y blancos. El azul es un color que emana bondad y produce relajación en nuestros centros nerviosos. Cada vez que meditemos por la paz, podemos evocar este color junto con la presencia de este mensajero celestial. Una agradable y suave energía nos envolverá en las alas de color azulado de este ángel. En ese momento podemos envolver en ese mismo color a todas las personas a las que queremos enviarles paz. Luego podemos imaginar que envolvemos a todo el planeta en ese mismo color azul, y a miles de Ángeles de la Paz rodeándolo en alegre danza mientras emanan sobre el planeta su energía poderosa de Paz. De esta manera te estás convirtiendo en trabajador activo por la Paz planetaria.

Cierra los ojos un momento y respira profundamente. Invoca con tu solo pensamiento la presencia del Ángel de la Paz. A medida que recibas su energía inhala el color azulado y siéntelo correr dentro de ti. Una profunda sensación de bienestar y paz inundará tu alma. Déjate estar en ella. Luego ve por el mundo a irradiarla.

Agradece al Ángel de la Paz la energía que recibiste de él.

## El Ángel de los Dones

Un don es algo que recibimos como regalo. Se dice que al nacer nos son entregados ciertos dones. Algunos cuentos tradicionales infantiles describen escenas donde llegan las hadas a entregar los dones al recién nacido, que en general son tres. El Ángel de los Dones es el custodio de muchas virtudes que ayudan al hombre a estar más cerca de su desarrollo más elevado. El Ángel de los Dones entrega estas virtudes a los hombres en algunos momentos especiales. Son regalos que Dios nos envía a través de este mensajero celestial.

ÁNGEL DE LOS DONES

Observa en la carta que ilustra a este ángel, la fuerza ígnea de la Tierra a sus pies brillando desde su centro como una estrella: y por otro lado, la Luz Divina destellando en lo alto de su cabeza. El Ángel de los Dones está conectando la energía telúrica y la energía celestial dentro de sí mismo. Ambas son energías emanadas de Dios, el Creador de Todo lo Creado. Estas energías llegan hoy a ti representadas en los tres Dones que recibirás por la intermediación de este ángel.

Hay dos triángulos detrás del Ángel de los Dones. Uno triangula hacia arriba y otro hacia abajo. Son los dos polos de las Fuerzas Divinas, las que nos conectan con el Cielo y con la Tierra. Ambas son necesarias para que se cumplan nuestras misiones en este plano de la realidad en el que vivimos ahora.

El Ángel de los Dones llega hoy para entregarte tres regalos. Estos son: Fuerza, Tolerancia y Compasión.

FUERZA, *para mantenerte en el sendero que te lleva a tus propósitos más elevados. Para que mantengas tu ánimo dispuesto en el cumplimiento de tu misión. Para que puedas sortear los escollos que se te presenten en el camino. Para que no te dejes arrastrar por la corriente. Para que sostengas la dirección de tu timón a pesar de las tormentas y huracanes. Para desarrollar la templanza resultante de la regeneración y purificación.*

TOLERANCIA, *para aceptar a los otros en el sendero de su propio camino. Para poder desarrollar la paciencia que permita poder esperar con tranquilidad las cosas que tardan. Para respetar los tiempos, pensamientos y creencias ajenos. Para no criticar ni juzgar (ni a ti mismo ni a los demás). Para desarrollar la suficiente confianza en Dios que permita entregar todo en Sus Manos.*

COMPASIÓN, *para abrirte al Amor más íntegro. Para incluir a todos los seres humanos en tu corazón. Para desarrollar la comprensión más amplia. Para integrarte al Amor Divino. Para acompasarte en el ritmo del corazón de los otros. Para compartir con todo ser vivo desde lo más profundo de tu ser. Para unirte al Gran Latido Universal. Para ser Uno con los demás.*

Cierra los ojos por un momento y apoya tus manos en el centro de tu pecho. Permite ahora que estos Dones desciendan sobre ti. Puedes imaginarlos como una lluvia plateada con destellos dorados que te va bañando desde tu cabeza hasta tus pies penetrando en todas las partículas de tu cuerpo y de tu alma.

Deja que estos Dones se impregnen en ti uno a uno. Primero, recibe la Fuerza que Dios te envía a través de este ángel que es su servidor. Respírala, siéntela en todo tu Ser, y permanece en ella. Luego, recibe la Tolerancia que desde el cielo se derrama sobre ti en este momento. Déjala entrar en ti, y que se haga parte tuya. En tercer lugar, déjate bañar por la lluvia de la Compasión Divina que te envuelve y penetra todas tus fibras.

Regocíjate y agradece los Dones que has recibido a través de este Ángel. Los Ángeles de los Dones son los Enlazadores de Mundos. Su tarea es entrelazar el Cielo con la Tierra. Tú has sido entrelazado en esa trama.

## El Ángel de los Inventos

Estos ángeles son quienes iluminan y protegen los inventos. Lo relacionado con el mundo de la tecnología cae sobre su territorio específico.

Hay un holograma en el cielo que se despliega por la energía que emiten estos ángeles. Muchos

ANGEL DE LOS INVENTOS

inventos o descubrimientos ocurren simultáneamente en distintos rincones del planeta. Esto no es obra de la casualidad (sabemos que la casualidad no existe), es sólo que es el momento apropiado para que surjan, para que sean recibidos por la humanidad.

Existen ciertas clases de nubes a las que podríamos llamar "nubes creadoras". No se trata de las nubes condensadoras de agua que están sobre nuestra atmósfera, sino que existen en un plano más sutil. Estas nubes creadoras están compuestas de ideas que andan por allí flotando. Los que estamos en el plano humano accedemos de vez en cuando, aunque generalmente sin saberlo, a estas nubes de ideas. A veces estamos pensando o dejando vagar nuestra mente y de repente se nos ocurre algo genial e inesperado. ¡Eureka! A veces creemos que es nuestra propia idea y entonces nuestro ego se regodea de orgullo. Pero otras veces nos asombramos y nos quedamos pensando: "¿Cómo se me pudo ocurrir esto? ¿De dónde me vino esta idea?".

Los ángeles trabajan con nosotros todo el tiempo, esa es su misión específica; pero nosotros lo olvidamos y la mayoría de las veces no lo tenemos en cuenta.

Estos ángeles no solo promueven los inventos, sino que también los protegen. A veces un artefacto cualquiera, auto, teléfono, lavarropas, computadora, etc., deja de funcionar repentinamente sin ninguna causa aparente más que nuestro malhumor o enojo momentáneo. He comprobado que apaciguándome, respirando armónicamente y aquietando mis vibraciones, y a veces, inclusive pidiéndoles de buena manera que funcionen, han vuelto a trabajar nuevamente.

Creo íntimamente que esto tiene que ver con estos ángeles que están allí protegiendo y cuidándolo todo. Pareciera como si los artefactos, por momentos se empacaran y no quisieran volver a funcionar. Hay algo más allá de la pura tecnología que los anima, los protege y les da vida.

Tanto si vivimos en la ciudad como en el campo, estamos permanentemente en contacto con aparatos. Si cada vez que los usamos recordamos a estos ángeles, su uso se volvería sagrado, y podríamos agradecer la oportunidad de tener ese artefacto con nosotros y a nuestra disposición, para aligerar nuestras tareas. Con esta conciencia colaboraríamos para que el uso de cualquier tipo de invento fuera beneficioso para todos y no perjudicara ni al planeta, ni a ninguna forma de vida sobre él. La soñada ciudad del futuro se nos viene acercando, pensemos en la energía eólica, solar o cualquier otra no contaminante; lo que, a su vez, permitirá un desarrollo pleno y armonioso, tanto para el planeta como para todas sus especies, incluida la humana. Tecnología no necesariamente implica contaminación y guerra. Los Ángeles de los Inventos se nos acercan para colaborar en la pureza de cada aparato que usemos e inventemos. Durante los próximos días y cada vez que te sea posible, cuando estés usando cualquier tipo de aparato, ya sea en tu casa o en tu trabajo, conéctate con la presencia de estos ángeles y verás que tu tarea transcurre en forma más armoniosa y, a la vez, te sentirás acompañado. Agradece su compañía, su ayuda y la protección que ejerce sobre ese artefacto que usas.

ÁNGEL DE LOS LUGARES

## El Ángel de los Lugares

El planeta Tierra es nuestra casa, es el lugar donde nacimos, y es donde nos estamos desarrollando. Es un planeta-escuela al que vinimos a aprender diferentes tipos de lecciones. Y por ser parte de todo lo creado, este planeta, al cual solemos llamar "nuestro", también está tutelado bajo la amorosa mano de Dios, de la Fuerza Creadora del Todo.

No estamos aquí solos y olvidados flotando en el espacio en una deriva elíptica, trasladándonos en esta gran nave planetaria a la que llamamos Tierra; todo lo contrario, estamos protegidos y guiados, o al menos disponemos de protección y guía si es que la solicitamos y sabemos utilizarla.

Esta nave madre —a la que llamamos también Madre Tierra o Pacha Mama— tiene esta cualidad femenina, la cual tiene que ver con lo nutritivo, lo protector, lo cuidadoso. La Tierra es una madre porque ella engendra en sus entrañas. Cada semilla que el hombre siembra y germina, es un canto de la vida misma que esta madre generosa nos da. Frutos, flores, sombra, oxígeno, madera, que luego son utilizados para la medicina, o como alimento, cobijo, mobiliario, fuego, papel, hilados, etcétera.

La Tierra es la Madre y el Sol es el Padre, quien con su calor hace germinar la semilla y ayuda a condensar el agua en nubes que luego la regarán desde el cielo. Y así, esta Madre Tierra genera la vida dentro de ella. La Tierra es como un gran útero. Al principio de los tiempos el hombre recibía lo que la Tierra le daba espontáneamente, sólo caminaba para buscar su alimento o cobijo.

Luego descubrió cómo reproducir el proceso y aprendió a cultivar, sembrar y cuidar el crecimiento de las plantas. El hombre comenzó a imitar a la Tierra. Pero entendiendo que se trataba de un proceso sagrado. Por eso es que agradecía y pedía a los cielos la lluvia entre danzas y alabanzas.

En la esencia humana también está la capacidad creadora. La mujer es la Tierra, es la Madre, es la que puede hacer germinar la semilla de vida dentro de sí misma. El hombre es el portador de la semilla. Entre ambos cocrean la vida. Y así se multiplicó la humanidad, cumpliéndose el mandato: *"Creced y multiplicaos"*. Pero el hombre fue olvidando el sentido sagrado de la vida. Superpobló el planeta y agotó la Tierra por no respetar los ciclos naturales. La Tierra ahora necesita un descanso y una limpieza. Y la Mujer-Tierra y el Hombre-Semilla también lo necesitan. Podemos participar de esta limpieza con la colaboración y guía de los Ángeles de los Lugares.

Todo sitio es sagrado ya que fue creado por Dios. Hay lugares en donde el hombre no avanzó con la civilización y se mantienen casi intactos, conservando la pureza de sus orígenes sumada a la energía aumentada por la vida natural desarrollada allí. Los árboles, cuanto más añosos son, poseen altas vibraciones sanadoras y equilibrantes, tanto para el lugar donde están, como para las personas que se aproximen a ellos. Un bosque añoso es un lugar de un magnetismo y vibración muy especial. Sin embargo, estos lugares ya no abundan en nuestro planeta. Y eso tiene que ver con el gran desequilibrio y estrés que padecemos.

El hombre mismo provocó el desorden que está soportando. Los Ángeles de los Lugares son los protectores de todos los rincones del planeta. Hay legiones de ellos, y su trabajo es agobiante. El hombre va ensuciando y destruyendo ruidosamente lo que estos ángeles silenciosamente están cuidando. Las actuales ciudades fueron, en otros tiempos, espacios abiertos custodiados y habitados por ángeles. Esos ángeles no se fueron de esos lugares, sino que permanecieron allí. Hay ángeles que cuidan los lugares naturales y hay ángeles que cuidan las casas, los hospitales, las oficinas, las bibliotecas, las escuelas y todo lugar del planeta.

Dios puso a estos ayudantes y colaboradores suyos a custodiar su obra. Y la tarea se les hace difícil. Es necesario que colaboremos con ellos. Como seres creados por Dios, nuestra misión también es ser custodios de lo que nos ha sido entregado: nuestro planeta. Pues bien, si es "nuestro", debemos ocuparnos de mantenerlo en buen estado de higiene y salud.

Los Ángeles de los Lugares pueden ayudarnos y guiarnos para realizar este cuidado y mantenimiento de nuestra casa. Ellos están allí, simplemente debemos conectarnos con su presencia. Al elegir esta carta te estás ofreciendo como colaborador de estos ángeles. Ahora mismo, puedes cerrar los ojos, inspirar profundo y llamar al Ángel del Lugar en donde estás. Conéctate con él. Inhala su presencia. De inmediato sentirás una profunda diferencia en la habitación en donde te encuentras. Todo lo que ocurra en esa habitación tomará un matiz especial a partir de que hagas contacto consciente con el ángel custodio de ese lugar. Puede ser que recibas algún mensaje de este ángel. Escríbelo en tu cuaderno de comunicación con los ángeles.

Sería bueno que en los próximos días hagas contacto con los Ángeles de los Lugares por los que andes. Puede ser en un parque o en un lugar cerrado. Verás la diferencia y el cambio de la atmósfera del lugar. Los Ángeles de los Lugares están ansiosos de que nos acerquemos a ellos. Agradecen nuestro contacto, así como nosotros agradecemos el suyo.

Del mismo modo, cuando sientas una atmósfera de tensión en algún lugar donde estés, conéctate con el Ángel de ese lugar y siente cómo su invisible presencia lo infunde todo de amor y calma. Y si en cambio la atmósfera del ambiente es armoniosa y distendida, disfruta de ella bajo la protección del Ángel de ese lugar, en silenciosa complicidad compartida.

## El Ángel de los Proyectos

ÁNGEL DE LOS PROYECTOS

También conocido como el Ángel de los Propósitos, nos ayuda a enfocarnos mejor en nuestra misión personal. Todos venimos a la Tierra con un propósito, misión o tarea específica para cumplir. Hemos realizado un compromiso antes de tomar nuestros cuerpos de tercera dimensión. Este compromiso fue pactado en otro plano de la realidad diferente al que vivimos cotidianamente, por eso, lo más corriente es que no lo recordemos. Sin embargo, es bastante frecuente que algunas personas sientan que sus vidas tienen un propósito especial que alcanzar aunque no saben precisar cuál es.

El Dr. Bach, creador del sistema de sanación natural a través de esencias florales, escribió: *"Venimos a este mundo sabiendo qué pintura debemos pintar, todo lo que nos hace falta es darle una forma material"*. Y continúa diciendo: *"Si seguimos del principio al fin nuestros propios ideales, nuestros propios deseos, con toda la fuerza que tenemos, no fracasaremos; por el contrario, nuestra vida será un enorme éxito, feliz y saludable"*. Más adelante, el Dr. Bach agrega: *"Una misión divina no significa sacrificarse, abandonar el mundo o rechazar las alegrías de lo bello y de la naturaleza; por el contrario, significa disfrutar de un modo mayor y más completo de todas las cosas, hacer el trabajo que nos encanta hacer con todo el alma y el corazón. Y este trabajo, si nos gusta por encima de todo, es la orden precisa de nuestra alma, la obra que tenemos que hacer en este mundo"*. Y en otro párrafo podemos leer: *"Cuando permitimos que otros intervengan en nuestro propósito de vida, e implanten en nuestras mentes la duda, el miedo o la indiferencia... aparecen el fracaso y la infelicidad, los cuales pueden traer la enfermedad"*.[2]

El Dr. Bach descubrió que la esencia floral Wild Oat (avena silvestre) nos hace encontrar con nuestra vocación, despejando el camino cuando se presenta desorientador o cuando hemos perdido el rumbo.

---

[2] Extraído del libro "La Terapia Floral. Escritos seleccionados de Edward Bach, su filosofía, investigaciones, remedios, vida y obra", Club de Estudio, 1993.

El Ángel de los Proyectos llega a ti para orientarte en esta tarea, ayudándote a permanecer en tu rumbo, si es que ya estás claramente encaminado en tu propósito de vida; o guiarte para encontrarlo en caso contrario.

El propósito de cada uno de los humanos tiene que ver con un gran propósito general que es común a todos los seres creados, y es lo que llamamos el Gran Plan Divino. Nada es al azar, todo existe con algún propósito. Nosotros también formamos parte de ese Plan. Somos cocreadores con Dios. De ahí la importancia de la calidad de los proyectos que emprendamos, ya que no sólo nos afectarán a nosotros, sino que producirán un impacto global sobre todo lo existente.

Los proyectos se presentan como imágenes mentales o como ideas a realizar. Constituyen la visión de lo que podría ser. Los proyectos tienen que ver con los pensamientos y existen en el mundo de las ideas hasta tanto los materialicemos en el mundo físico de la tercera dimensión. La energía materializa los pensamientos, los cuales, a su vez, también son energía. La energía sigue al pensamiento, que es el que le da dirección y sentido. Pero el pensamiento es también una forma energética en sí mismo. Yo suelo decir que debemos tener cuidado con lo que pensamos, porque es muy probable que luego lo veamos concretado. Nuestros pensamientos forman lo que nosotros llamamos *la realidad*. Todo lo que existe a nuestro alrededor, desde una silla a una computadora, fue primero una idea, un proyecto, un pensamiento.

Generamos nuestras ideas a través de la glándula pineal, que está ubicada en el cerebro junto con el cuerpo pituitario. Son dos órganos muy pequeños, de los que la medicina sabe muy poco, y que pertenecen a una clase de órganos que permanecen estacionarios y latentes. El hombre de otros tiempos tenía estos órganos muy desarrollados y a través de ellos accedía a los mundos internos. Luego se fueron atrofiando, probablemente con el avance de la civilización que fue haciendo todo más práctico y más palpable. De la glándula pineal salen dos fibras medulares hacia cada uno de los tálamos ópticos que son los órganos de percepción y concentración de las impresiones más sensitivas. Esta glándula se conoce en la India desde la antigüedad con los nombres de: Tercer Ojo, Ojo de Shiva, Ojo de Deva, Ojo Divino, Trilochama y otros más. La glándula pineal es el órgano de la percepción espiritual, sede del genio y centro de la clarividencia.

Actualmente este Tercer Ojo se encuentra atrofiado, habiendo dejado como testigo de su existencia a la glándula pineal. El Tercer Ojo estaba ubicado en la parte posterior de la cabeza y se hundió profundamente en la misma. Descartes dijo que el Tercer Ojo era la sede del alma.

Durante la meditación profunda, el trance y la visión espiritual, la glándula pineal se dilata.

Las ideas o modelos se generan en nosotros a través del chakra del Tercer Ojo (ver referencia en la sección *El aura y los Chakras* en este mismo libro). El Ángel de los Proyectos nos guía en nuestros planes, en nuestras ideas, iluminándonos en su delineamiento. El elegir esta carta te conectará con la posibilidad de reactivar tu glándula pineal para poder recibir la forma y modelo con el que empezarás a proyectar tus ideas; lo cual, en un segundo momento, te permitirá que sean manifestadas en la realidad. En la carta que ilustra al Ángel de los Proyectos vemos un enorme diamante magenta que simboliza la glándula pineal. El ángel te está invitando a subir por la escalera que representa el acceso al despertar del tercer ojo. Al activarse la glándula pineal tus proyectos e ideas tomarán la forma de lo sagrado. El Ángel de los Proyectos llega para inspirar y despertar ideas que sean beneficiosas para la humanidad, que no sean contaminantes, que sean portadoras de paz.

Cada uno de nosotros es parte de un Gran Todo, y el rol que desempeñemos influirá en todos los demás. Tu momento de ser consciente de esto llegó ahora; recibe tu proyecto y comienza a ejecutarlo con la ayuda de los ángeles.

Ahora toma papel y lápiz y cierra los ojos. Respira profundamente e invoca la presencia del Ángel de los Proyectos. Pídele guía y orientación para conectarte con tu propósito, misión en la vida o proyecto actual. Deja que llegue a ti la imagen, idea o pensamiento. Cualquiera que sea, dibújalo en tu papel o escríbelo. Vuelve a cerrar los ojos y fíjate si ves alguna otra cosa más. Agrega todo lo que veas o percibas en tus anotaciones y así continúa hasta que hayas recibido el proyecto completo. Si no puedes realizarlo la primera vez, vuelve a intentarlo en otra oportunidad que te encuentres solo y descansado. Tu propósito o proyecto está relacionado con tu vida. No es necesario que sea algo extraño o celestial. Búscalo en tu vida práctica de todos los días. Se trata de poner lo divino en lo material. Traer el cielo a la tierra. Dios está en todas partes y en todos los propósitos. Incluyéndolo a Él, todos tus propósitos se volverán sagrados. Agradece la ayuda del Ángel de los Proyectos y déjate guiar por él para que tu propósito tome la forma requerida y necesaria.

## El Ángel del Nuevo Orden

ANGEL DEL NUEVO ORDEN

Todo responde a un orden aunque vivamos en un desorden. Para algunos, el desorden pudo haberse convertido en su propio orden. En este caso significa que algo no anda muy bien. El desorden nos dificulta las tareas, nos hace perder tiempo, nos distrae, nos perturba. Nunca encontramos lo que necesitamos en el momento oportuno, siempre aparece a destiempo. El desorden es un desacomodamiento en el tiempo y en el espacio. Nos desenfoca de nuestro verdadero propósito.

En cambio, el orden nos facilita, nos ayuda, nos sirve de protección. En las costumbres y tradiciones de los monjes y los lamas, el orden ocupa un lugar primordial. Sus habitaciones casi están vacías, desprovistas de objetos superfluos. Esto promueve la concentración en lo interno y evita la distracción en lo exterior. Y nos recuerda que lo más importante que tenemos lo llevamos siempre con nosotros mismos, dentro de nosotros, y es nuestra propia vida, nuestro corazón.

Vivimos en un mundo que nos impulsa a comprar cosas que no necesitamos, y a veces se nos hace difícil salirnos de ese mecanismo automático en el que todos sin darnos cuenta fuimos entrando. Es lo que comúnmente se llama la sociedad de consumo. Al llenarnos de semejante cantidad de objetos que se publicitan en los diferentes medios de comunicación, no hacemos más que aumentar nuestro desorden. Llega un momento en que no sabemos dónde poner lo que compramos. Ya no hay lugar.

Lo mismo ocurre en nuestro interior. Fuimos acumulando creencias y mandatos desde el momento en que nacimos hasta el día de la fecha, que a la vez se suman a todos los datos que traemos de otras vidas. ¡Cuántas cosas! Puede resultar agobiante semejante carga.

Y, sin embargo, vamos avanzando por la vida con todo ese equipaje: El Ángel del Nuevo Orden llega para ayudarte a clasificar y decodificar todo ese equipaje que vienes cargando. De manera que puedas separar lo que sirve de lo que ya no es necesario para ti. Es posible que descubras que es muy poco lo que en realidad necesitas para continuar tu viaje. Y que hay mucho de lo que deseas liberarte. Tal vez quieras reordenar todo tu equipaje nuevamente, categorizándolo de otro modo más acorde a tus actuales creencias y proyectos.

Es posible que sea el momento de regalar o vender lo que ya no usas. Hacerlo circular para que no quede estancado. Hablamos mucho de reciclar en estos días, y esta tarea tiene mucho que ver con ello. Que las cosas vayan al lugar en donde sean necesarias y útiles, y que no queden detenidas en armarios y cajones. Lo mismo ocurre en el plano de las creencias, hábitos y costumbres. Es posible que desees alimentarte de manera diferente, o que tus ideas actuales no sean precisamente las que recibiste en la escuela o en tu casa. No temas al cambio. El Ángel del Nuevo Orden te acompañará para el que el proceso intenso que vas a realizar sea protegido y guiado por lo más elevado.

Poner un nuevo orden. El orden necesario para este momento de tu vida. Adáptate a los cambios y deja atrás lo viejo, y así darás lugar a que algo nuevo aparezca. Es el momento de hacer espacio en tu corazón. Suelta y deja atrás lo que ya no sirve. La energía del Ángel del Nuevo Orden llega ahora a ti para guiarte en esta tarea. Observa la carta de este ángel. Está señalando su corazón. Y frente a él puedes ver los caminos y laberintos que conforman tu vida, despejados y limpios. No hay trabas ni obstáculos. El camino está libre. Todo está listo para que fluyas desde el corazón. Este es el resultado de la tarea que realizarás con la ayuda del Ángel del Nuevo Orden. Él te dará sostén para que te desprendas y sueltes lo que ya no es necesario en tu vida. ¡Arrójalo para que recircule en el universo! Es una manera de empezar a experimentar el desapego.

Ahora cierra los ojos y respira profundo y suave. Invoca la presencia del Ángel del Nuevo Orden. Puedes pedirle que te guíe hacia lo que tienes que ordenar primero en tu vida. Deja que aparezca la imagen. O tal vez te sea dicho en palabras. Escríbelo en tu cuaderno de comunicación con los ángeles y comienza hoy mismo a emprender la tarea.

Tal vez se trate de empezar por ordenar tu armario o tu escritorio. El orden externo nos lleva necesariamente al orden interno. Cuando comiences a ver espacio en tus estantes y cajones, comenzarás a disfrutar del espacio que empieza a surgir en tu vida. Puede ser que estos Ángeles te "muevan el piso", pero esto tiene un propósito, aunque en un primer momento pueda parecerte disparatado o no comprendas su sentido. Cada vez que sientas un sacudón en tu vida, conéctate con el Ángel del Nuevo Orden, quien actuará contigo para que todo se vea más claro luego de la tormenta.

## El Ángel del Paisaje

Ángel del Paisaje

Los Ángeles del Paisaje habitan en bosques, ríos, selvas, desiertos, montañas, mares; también en los jardines y entre las plantas. Entre estos ángeles hay espíritus que sirven de custodios de los elementos que están agrupados en cuatro reinos: tierra, aire, fuego y agua. Estos espíritus son muchísimos, siendo los más conocidos los gnomos o espíritus de la tierra; las sílfides, o silfos, que son los espíritus del aire; las salamandras, o espíritus del fuego, y las ondinas, o espíritus del agua. También hay muchos otros mencionados con el nombre de hadas, ninfas, duendes, trasgos, faunos, sirenas, devas, etcétera.

Los gnomos son elementales de forma humana enana que habitan en la parte etérica mineral y terrestre. Se dice que son los guardianes de los tesoros ocultos en las entrañas de la tierra. Se los considera también espíritus de la Tierra, necesarios para construir las plantas y las flores. Viven en comunidad, en habitaciones construidas por ellos mismos, en minas o en cavernas. Son muy trabajadores, pero sólo son vistos por las personas clarividentes. A los gnomos les encanta vivir en los bosques de nogales.

Las sílfides y los silfos son los elementales del aire. Estos espíritus flotan, vuelan con las brisas y viajan con los vientos. Las nieblas y las brumas también están habitadas por estos seres. Muchas veces sentimos las caricias de estos seres en las tibias brisas que rozan nuestra cara.

Las salamandras son los duendes del fuego. Son los de mayor categoría dentro de los elementales. Los espíritus del fuego se encuentran por todas partes. Pero especialmente están alojados en las cavidades de la tierra, siendo los que provocan erupciones volcánicas y explosiones. Sin su participación no es posible encender el fuego. Cada vez que enciendas una fogata deja vagar tu mirada en las llamas rojas y azuladas; tal vez puedas ver una de estas pequeñas salamandras jugueteando entre el fuego.

Las ondinas son las ninfas de las aguas. Mientras nadamos estamos en contacto con ellas. Viven entre los peces y las algas acuáticas. La próxima vez que te sumerjas en el agua recuerda a estos seres ondulantes que te acompañan, tal vez te sientas más liviano y deslizando con mayor suavidad mientras nadas.

Dentro de estos seres espirituales que viven en medio del paisaje encontramos también a las hadas. Estos encantadores seres se presentan bajo la forma de bellas mujeres aladas a las que se atribuyen poderes mágicos, teniendo el poder de proporcionar riqueza y salud. La leyenda de las hadas tiene origen oriental y adquirió auge en Europa después de las Cruzadas, introduciéndose en la poesía caballeresca y más tarde en la literatura infantil. La naturaleza de las hadas está entre lo espiritual y lo humano. Algunas personas clarividentes han podido ver a estos seres, tanto como a los gnomos y a otros espíritus de la Naturaleza. Son famosas las fotografías de hadas tomadas en 1917 por dos adolescentes en Cottingley. También se han fotografiado gnomos y otros seres espirituales de los bosques.

Si bien es muy raro que los espíritus de la Naturaleza se pongan en contacto con los humanos, a veces esto ocurre. Muchos cuentos tradicionales nos relatan encuentros de este tipo, de lo cual podemos deducir que alguien los ha visto alguna vez (o varias). Recordemos cómo los gnomos protegen a Blancanieves, en el bosque. En nuestros días, un vivo ejemplo de estos contactos es la comunidad de Findhorn en Escocia. Su contacto con los espíritus de la Naturaleza les permitió desarrollar sus plantaciones en forma asombrosa, a pesar de las inapropiadas condiciones del terreno. Actualmente son un modelo en el campo de la agricultura y los visitan expertos agrónomos de todas partes del mundo.[3] Siendo niños estuvimos más cerca de los elementales de la naturaleza. Al ir creciendo, nos fuimos alejando de esta creencia. Esta carta te invita a reconectarte —o a descubrir— a todos los espíritus de la Naturaleza que habitan y cuidan de ella silenciosamente. El Ángel del Paisaje sintonizará tu percepción para que te sea posible descubrir esta creación de Dios en los lugares naturales emanados de Él.

Aproxímate a la Naturaleza. Siéntate junto a un árbol, apoyando tu espalda en su tronco y relájate. Respira el paisaje. Apoya las manos en la tierra y mira el cielo. Permanece así unos instantes, respirando suavemente hasta que te sientas aquietado e integrado al ambiente. Ahora tú eres la Naturaleza. Siéntete parte de ella. Fúndete en ella. Siente la compañía del Ángel del Paisaje integrándote más aún a todo lo que te rodea. Quédate en esa vibración. Es posible que recibas algún mensaje de este ángel o de algún espíritu guardián. O, tal vez, sea el espíritu de ese árbol quien quiera decirte algo. Vacía tu mente y escucha. Agradece la bendición de haberte sentido parte del paisaje: esto equivale a sentirse parte de Dios.

ANGEL ARMONIZADOR

## El Ángel Armonizador

Todos tratamos de vivir en armonía, aunque no siempre nos resulta de los más fácil. A veces estamos demasiado tensos como para poder relajarnos y sentirnos distendidos. La tensión, ya sea física, mental o emocional nos aleja de nuestro propio centro. Nos saca del eje. Comúnmente los argentinos decimos: "Me sacó de las casillas", refiriéndonos a salirnos de nuestro propio autocontrol, de nuestro propio dominio. No sé si en otros países o culturas existirá una frase semejante, pero me imagino que sí. De todos modos, resulta significativo que decimos "me sacó", refiriéndonos a algo

---

[3] El libro de Dorothy Maclean titulado *Comunicación con los ángeles y los devas*, relata la manera en que ella se comunicaba con los espíritus de las plantas y con el Ángel del Paisaje.

externo o a otra persona, cuando en realidad somos nosotros quienes "nos salimos". Nadie te puede sacar si estás alineado y centrado en tu eje. Lo que ocurre es que en general nunca estamos alineados ni centrados, sino que vamos por la vida a los tumbos, como podemos, que es lo mismo que decir "como sabemos" o "como estamos acostumbrados".

Es momento de descubrir que podemos alinearnos, así como también podemos desalinearnos. Y resalto la palabra "podemos", porque depende de nosotros y no de los otros. Se trata de aprender a mantenerse alineado, centrado.

Observemos la carta del Ángel Armonizador. Hay una persona sentada, meditando. Está alineando sus energías. Esta centrándose en su eje. Su postura indica concentración y serenidad. Un ángel la protege y acompaña a sus espaldas. Hay un símbolo en el centro de su pecho, es el OM.

El sonido OM es lo que dio origen a todos los comienzos y es lo que sostiene todo lo creado. Este sonido también existe dentro de tu cuerpo, y puedes oírlo si presionas tus oídos con la palma de tus manos. El OM es el sonido de todos los átomos del Universo, y cuando estos están sintonizados con la creación, equilibrio y mantenimiento de la Armonía Cósmica, este sonido es llamado Música de las Esferas. Quienes han tenido la fortuna de haber percibido esta Música lo han hecho en momentos de gran Armonía y Amor, cayendo en un estado de éxtasis.

El OM está presente en todos los sonidos: en el romper de las olas, en el río, en el viento, en el trueno, en el zumbido de las abejas. El OM es la puerta de entrada para ingresar en el vacío, en el cero, en donde no hay ningún sonido, lo sin-forma, lo no creado que crea todo a través de la vibración, del OM. "En el principio era el Verbo", dice la Biblia. OM es la Palabra Creadora. Puedes probar cantar el OM. Cierra los labios y emite el sonido nasal "M" sin interrupción durante el mayor tiempo que puedas. Toma aire nuevamente y lo repites varias veces. Cuando estás diciendo "hummmm...", como cantándolo suavemente para ti con la boca cerrada, estás produciendo este sonido. Llena bien tus pulmones de aire antes de cantarlo cada vez. Mientras lo cantas vas exhalando el aire suavemente y notarás que tu diafragma se va hundiendo. La manera completa de cantarlo es comenzando con la A, que al exhalar se convertirá en O, a medida que vayas cerrando tu boca, y luego continúas con la U, hasta que finalmente cierras la boca sosteniendo el sonido con la M. Las letras A - U - M -, simbolizan los tres vedas principales y los tres niveles de conciencia.[4] El sonido OM crea el vacío para hospedar al SER. Podrás comprobar que, durante y después de cantar el OM, la Paz emerge dentro de ti. Cada vez que emitas el Divino Sonido OM aclararás tu mente, despejarás tu tensión, y disolverás todo lo que no está alineado en ti mismo, devolviéndote a un estado de Armonía. Cantar el sonido OM tal como se te indicó destruye el ego y todas las formas de pensamiento, permitiéndote la concentración propicia para iniciar una meditación sostenida en la Cualidad de la Paz y el Amor que tanto deseas. El Ángel Armonizador llega para ayudarte en esta experiencia.

Puedes observar también en la carta del Ángel Armonizador que la persona que está meditando está sentada con las piernas cruzadas en la posición de loto; siendo que, además, está dentro de un loto. Esta postura ayuda a mantener la columna vertebral erguida, lo que provoca una alineación de nuestro eje central, que es precisamente nuestra columna. Es muy importante mantener la columna derecha durante la meditación para que fluyan mejor las energías que recibimos por nuestro chakra coronario y para que sean expulsadas más fácilmente las que liberamos por nuestras raíces (en los ejercicios de meditación que se explican en las pág. 108, 109 y 110 encontrarás mayor información al respecto).

El loto es una planta sagrada de Egipto y la India. En el hinduismo, el loto simboliza la tierra, y el creador del universo está sentado en un loto. Para los budhistas, simboliza la pureza y es un símbolo muy preciado. El loto de esta carta está formado por corazones que simbolizan la conexión con el Amor Sagrado que trae Armonía a nuestros corazones.

Cuando meditamos, alineamos nuestros cuerpos físico, mental, emocional y espiritual. Se produce entonces un equilibrio interno que luego se trasluce en lo externo, reflejándose en nuestra

---

[4] Esta enseñanza del OM proviene del maestro indio Babaji, quien según la tradición, reside en los desfiladeros del Himalaya y nunca ha aparecido ostensiblemente.

propia mirada iluminada con destellos de estrellitas. Durante la
meditación, es muy frecuente tener visiones con los "ojos interio-
res" a las que comúnmente llamamos visualizaciones. Puede ocurrir
que veamos colores. Estos colores son armonizadores, y son los que
necesitamos en ese momento para balancear nuestras energías. Tal
vez no siempre aparezcan los mismos colores, no tratemos de controlarlo, el color que llega es el que nos alineará en ese momento.
También es posible que veamos ciudades de cristal o de extrañas
formas en colores pasteles, plateados o dorados. Estas son ciudades
etéricas o templos sagrados que existen en otro plano de la realidad
y a los que arribamos durante la meditación. Esta es una experiencia que nos devolverá descansados, alineados y restaurados en todos nuestros planos. También es posible que veamos pirámides de
cristal o de colores, o que sintamos que estamos dentro de ellas.
Todo esto forma parte del proceso de restauración y armonización
que estamos realizando a través de la meditación, entregados al cuidado del Ángel Armonizador. Si no lo has comprobado aún, pronto
lo harás.

Prepárate para realizar una meditación especial guiada y
acompañada por el Ángel Armonizador. No olvides tener tu cuaderno a mano para tomar nota de cualquier impresión recibida.
Puedes darte primero un baño con sales y perfumarte, poniéndote
ropa limpia y confortable. Enciende un incienso y una vela blanca
(o de otro color suave). Estas preparándote para iniciar un ritual.
Busca el lugar adecuado en donde sepas que no serás interrumpido
de ningún modo. Puedes poner una manta o un almohadón en el
piso para sentirte más cómodo. Sería preferible que no usaras esta
vez música de las que se usa para meditar, ya que al realizar el sonido OM es necesario el silencio. Sin embargo, si lo deseas, puedes
ponerla bien bajito para que te acompañe. Lo importante es que te
sientas cómodo, antes y durante tu meditación. Una vez que ya esté
todo listo para comenzar, te sientas en posición de loto, respiras
profundamente y cierras los *ojos*. Invoca la presencia del Ángel Armonizador quien colaborará contigo en esta meditación y en todas
las que hagas en lo sucesivo; y comienza con el OM tal como fue
indicado más arriba. Poco a poco, la armonía descenderá sobre ti,
envolviéndote por completo. Permanece en este estado el mayor
tiempo que te sea posible. Disfrútalo.

La Armonía produce un efecto altamente benéfico, equilibrador y curativo. Una vez que hayas recibido esta dosis de Armonía, la irás llevando dondequiera que vayas. El efecto perdurará en ti tanto tiempo como seas capaz de sostenerlo. Cuando sientas que te estás por alejar de tu eje, o cuando aparezca la mínima señal de tensión en tu vida, vuelve a centrarte de este mismo modo. Verás que cada vez puedes lograrlo en más breve tiempo y que esta energía de armonización permanecerá en ti por un período más prolongado. Agradezcamos al Ángel Armonizador quien se hace presente cada vez que meditamos o realizamos un ritual sagrado trayendo Armonía para todos nosotros.

# Oportunidades para Encontrarte con los Ángeles

## Déjate fluir

La palabra *fluido* nos trae la idea de un líquido que corre y no se detiene. Por nuestro cuerpo físico corren diversos fluidos. Todo lo que fluye no está estancado. Los ríos fluyen por sus cauces. La vida misma es un fluir constante de acontecimientos que se suceden unos a otros sin cesar. A veces descubrimos ciertas coincidencias en este fluir de los sucesos, las cuales testimonian la existencia de la sincronicidad, vale decir, de un Orden Superior. Este Orden se manifiesta en muchas oportunidades con la intervención silenciosa e invisible de los ángeles, quienes, como servidores de Dios, colaboran en su Plan. Sin embargo, la mayoría de las veces tratamos de controlar los acontecimientos, evitando su libre fluir entorpeciendo de este modo la tarea de los ángeles quienes intentan guiarnos poniendo señales en el recorrido de nuestro río. Al no observar estas señales, perdemos oportunidades, y esto nos hace "remar en contra de la corriente", lo cual nos produce un inútil desaprovechamiento de la propia energía; produciendo a la vez resultados que no siempre son los mejores para nosotros.

Esta carta te está diciendo: Déjate Fluir. Te está indicando que pares de controlar tu existencia. Hay algo que estás intentando sostener en contra del fluido natural de la corriente de tu vida. Por otra parte, es probable que se te estén presentando acontecimientos a los que no les estás poniendo la debida atención, con lo que puedes estar perdiendo una oportunidad de evolución. Cualquier cosa que se te presente espontáneamente en tu vida, en forma aparentemente casual u ocasional, puede estar señalándote el siguiente paso en tu camino. Déjate fluir. No es tan malo no saber lo que ocurrirá al minuto siguiente.

## Confía

La palabra *confiar* nos está diciendo "Con Fe". La palabra *Fe* proviene del latín "Fidere", que significa "Confiar". La confianza está muy cerca de la esperanza, ya que al confiar esperamos no ser defraudados. El fraude es un "acto de mala fe". Al confiar, esperamos "con fe", vale decir "confiados". "La esperanza es la confianza en recibir una cosa", dice el diccionario Larousse. A su vez, la Fe y la Esperanza son dos de las llamadas Virtudes Teologales.

Se dice que la Fe es un don otorgado por Dios, pero también es posible desarrollarlo. Podemos avanzar por la vida confiadamente o desconfiadamente. A veces enseñamos a nuestros hijos a no confiar demasiado. Ser cautelosos y precavidos puede ser muy útil en muchas ocasiones y puede liberarnos de muchos embrollos. Sin embargo, bien sabido es que todos los extremos son malos, y lo ideal —aunque lo más difícil— es lograr el justo equilibrio. El equilibrio entre la confianza y la cautela es lo que todos debemos desarrollar. Una prevención que nos alerte y aleje del engaño, y una confianza que nos permita avanzar alegremente por la vida. Estos opuestos polares deben estar balanceados para desempañarnos con seguridad, fe y esperanza. Si has seleccionado esta carta, es posible que lo que necesites para estar más balanceado sea Confiar más. El Ángel de las Polaridades podrá ayudarte a balancear estos opuestos. Tal vez te hayas ido al extremo contrario, siendo demasiado prevenido para todo, lo cual podría estar privándote de maravillosas oportunidades de crecimiento y evolución. Al confiar, estás poniendo tu fe en Dios y en la sabiduría del Gran Plan Divino.

Tener fe en los presentes momento de tu vida èstá muy relacionado con dejarte fluir sin interrumpir el desarrollo al que tu propia alma te está guiando. Tu alma, en compañía de los ángeles, es ante quien debes depositar tu confianza. Confía en la guía que los ángeles te brindan y verás que el temor y la duda se irán disipando en tu vida.

## Escribe una carta a tu ángel

Podemos acercarnos a los ángeles, de diferentes maneras. Todas ellas están a nuestro alcance y es bueno que así sea. Pero esta carta te está indicando que este es un momento propicio para que te comuniques con tu ángel por escrito.

La escritura es algo que el hombre de este tiempo ha ido dejando de lado desde la existencia del teléfono. Muchas cartas que antes se escribían para enviar noticias o saludos, a parientes o amigos, han sido reemplazadas por llamadas telefónicas. Es muy placentero escuchar la voz directa del ser querido vibrando del otro lado de la línea a cientos o miles de kilómetros de distancia, o simplemente a pocos metros de nuestra casa. Pero también es maravilloso recibir una carta llena de palabras que, ansiosamente, leemos en un recogimiento silencioso, en algún rincón de la casa, para volver a leer por segunda, tercera o cuarta vez en forma más aquietada, y tal vez descubriendo algún nuevo matiz o mensaje implícito que en la primera lectura no habíamos captado.

Ahora llegó el momento de que te reencuentres con la escritura o la descubras como medio de comunicación, esta vez para hacer contacto con tu ángel. Para hacerlo, podría ayudarte el crear un ambiente propicio como si fueras a realizar una meditación. Siéntate en un lugar tranquilo en el que sepas que no serás interrumpido por el teléfono, el timbre u otros. Y con tu cuadernos de contacto con los ángeles a mano, prepárate para escribirle a tu ángel, tal como si iniciaras una carta para tu mejor amigo. Recuerda que tu Ángel de la Guarda es quien está siempre contigo y está esperando desde su silencio que inicies algún tipo de contacto con él. Aprovecha esta oportunidad que recibes y gozosamente ponte a escribir a tu ángel.

## Conéctate con el silencio

Vivimos rodeados de sonidos de todo tipo, algunos naturales y otros provocados por el hombre. Las ciudades son grandes emisoras de sonidos. Últimamente se están teniendo en cuenta los daños que estos provocan en el oído y la salud humanos. Por otra parte, el campo tampoco se libera de los ruidos de los aviones y fumigadores, tractores y otras maquinarias que han llegado para alivianar las tareas del hombre.

El avance tecnológico fue colaborando para que el hombre se alejara del silencio paulatinamente. Ya ni sabemos qué es el silencio, ni cómo encontrarlo. O, lo que es peor, tratamos de evitarlo por todos los medios posibles. Al llegar a casa, si no hay nadie (que "haga ruido"), encendemos el televisor o la radio. Tal vez ni prestemos atención a lo que dicen o muestran esos aparatos, pero... "es una compañía".

Pareciera que tememos estar solos. Encontrarnos con nuestro propio silencio se volvió algo atemorizante. Entonces... tratamos de escaparnos de nosotros mismos poniendo ruidos entre medio, si es que no encontramos alguna persona a mano, o en la línea telefónica, para poner en su reemplazo.

Esta carta te trae una propuesta para que te conectes con el silencio. Si no eres afecto al mismo, puedes empezar por pasar una hora evitando ruidos provenientes de los aparatos que te rodean. Trata de ver que te sucede al estar en silencio. Puedes permanecer así mientras realizas alguna actividad o, simplemente, permanecer en el silencio y la quietud total. Es una gran experiencia a la que estamos poco habituados en nuestros días. Conectarte con el silencio es una oportunidad para encontrarte contigo mismo. De este encuentro surgirá el tan anhelado contacto con tu ángel. El ángel no puede llegar a nosotros en medio de tanto ruido. Simplemente no podríamos oírlo. En cambio, si vaciamos nuestros oídos y nuestra mente, estaremos más cerca de poder realizar contacto con nuestro ángel.

## Entrega algo

Entregar algo es una manera de entrar en otro. A veces estamos muy concentrados en nosotros mismos y nos olvidamos de las necesidades de los demás. Las enseñanzas sagradas nos dicen que "es dando como más se recibe".

Esta carta te está conectando con la oportunidad de Dar. Podemos dar algo material o espiritual, lo importante es la actitud de entrega desde el corazón. Se trata de salirse un poco de uno mismo, pero sin invadir el espacio de los demás.

Puede ser que lo que entregues sea un poco de tu tiempo en atender o escuchar a alguien. O que des algún objeto que ya no usas a otra persona o institución a la que pueda servirle. Si tu entrega es sincera, un ángel se estará acercando a ti en ese momento, poniendo más luz a tu acción. Así podrás comprobar las enseñanzas enunciadas más arriba. Bendiciones serán derramadas sobre ti. Comenzarás a recibir al mismo tiempo que estás dando.

## Recibe

Hay momentos que son para dar y otros que son para recibir. Ocurre algunas veces, que no estamos preparados para recibir o creemos que no somos merecedores de lo que nos está siendo dado. Y esto tiene que ver con la autovaloración.

Como criaturas divinas, todos somos merecedores de lo mejor. Pero, por más raro que pueda parecer, no siempre estamos abiertos a recibir lo mejor. Pensamos que es demasiado. A veces cerramos las manos y rechazamos lo que nos llega. Esto que suena increíble, pero sucede muy a menudo, forma parte de nuestro sistema de creencias. Esta carta te está abriendo a la oportunidad de recibir. Es momento de que dejes que llegue a ti lo que tenga que llegar. Es una manera de desarrollar la humildad. Recibimos porque necesitamos. Curiosamente, las personas que están muy pendientes de los demás, sienten que dan todo y no reciben nada. Es posible que, con tantos cuidados, estén asfixiando a esos a quienes cuidan, cortándoles su propio camino de crecimiento. No es necesario hacer todo por los demás ni darles todo lo que precisan. Es mejor enseñar a hacer el pan o a ganarse el pan, que regalar pan. Tal vez, por esto mismo sea que sientan que no están recibiendo nada. Es que en verdad no están dando sino controlando o manipulando, lo cual implica quitar la libertad al otro.

La libertad es un precioso don que Dios entregó al hombre y del cual depende su destino como alma y personalidad. Nunca debemos interponernos en la libertad de otra persona, ni aunque sea por "su bien". Nadie puede saber con antelación qué es lo mejor para otro.

La mejor manera de ser libre es respetando la libertad de los demás.

Recibe en libertad a los ángeles que se están acercando a ti para llenarte de bendiciones.

## Abre tu corazón

Cuando decimos *Yo*, señalamos con nuestra mano el centro de nuestro pecho, indicando con el cuerpo que allí estamos, mostrando espontáneamente que es ahí donde está alojada nuestra parte esencial. No decimos *Yo*, apuntando a nuestra cabeza o nuestro sexo, que serían los otros dos puntos fundamentales, sino que decimos *Yo*, apuntando a nuestro corazón.

El corazón es el centro de nuestro ser. Es donde se unen las energías del cielo y la tierra dentro de nosotros. Es donde confluyen la mente y el sexo, que forman —junto con el corazón— los tres centros vitales y espirituales del cuerpo humano. El centro del corazón concentra y equilibra a los otros dos. El corazón nos conecta con la eternidad, por eso los egipcios lo dejaban cuando momificaban a sus muertos. Y también nos conecta con el amor.

Cuando sentimos o expresamos amor, se abre el centro de nuestro pecho, el chakra cardíaco. Este centro energético es, a su vez, el centro que vincula los tres chakras inferiores con los tres superiores. En el corazón se da la síntesis de lo que somos. Al abrirse el chakra del corazón comenzamos a pulsar una poderosa energía, es la energía del Amor. Esta fuerza que comienza a vibrar por dentro como un remolino, luego es expulsada hacia afuera en forma de rayos o radiaciones, como muchas veces hemos visto dibujado en estampitas o pinturas místicas.

Estos rayos amorosos se dirigen hacia otros corazones, despertando empatía. Así funcionan ciertas atracciones incomprensibles, espontáneas y repentinas. Un corazón abierto atrae a otro corazón abierto y ambos se funden de inmediato en llamas invisibles. Cada uno está entregando y recibiendo —al mismo tiempo— algo del otro, disolviéndose la frontera de quién es quién. Un corazón abierto también puede despertar y abrir a corazones cerrados, produciendo desbloqueos instantáneos que —muchas veces— pueden provocar una explosión de llanto en quien está abriendo su chakra cardíaco. Esta es una gran liberación que hay que dejar fluir, pues nos limpia de viejas emociones estancadas que nos impiden avanzar libremente en nuestro recorrido por la vida.

Esta carta te trae la oportunidad —de la mano de los ángeles— para abrir tu corazón. Muchas veces ponemos compuertas a la entrada o salida de nuestros sentimientos con el supuesto fin de "no sufrir", olvidándonos que de este modo también nos privamos de disfrutar del Amor. El Amor es una parte esencial de nuestras vidas. Si bloqueamos el libre fluir del Amor, estaremos alejándonos de nuestra plenitud, nos estaríamos limitando y seccionando. Abre tu corazón y no temas. Pide ayuda y protección a los ángeles y se te concederán.

## Prepárate para un cambio

Por lo general, los cambios nos disgustan, nos traen inseguridad, nos "mueven el piso". Nos anticipan algo nuevo pronto a llegar, que, por un lado, resulta excitante y, por el otro, temido. Tememos lo desconocido que está implícito en lo nuevo; siendo que, en lo nuevo, es donde verdaderamente podemos experimentar la libertad. Lo conocido nos brinda seguridad, nos hace sentir como "en casa". Sabemos anticipadamente todo lo que ocurrirá. La rutina acompasa nuestro sueño librándonos de pesadillas. Sin embargo, sin cambios no hay posibilidad de crecimiento.

El ángel que te trae esta carta te está anunciando un cambio. Es momento de que te prepares para lo nuevo que llegará a tu vida. Si hace mucho tiempo que todo está igual, es hora de sacudir las telarañas y movilizarse un poco. Si te llegan nuevas propuestas o ideas insólitas surgen en tu mente, pide consejo a tu ángel para decidir por dónde empiezas. Pero no te detengas, los cambios son maravillosos portales que debemos atravesar para estar más plenos y cumplir con el propósito de nuestras vidas.

Ríe con la vida, y de la mano de tu ángel, prepárate para el cambio que se avecina. Los Ángeles de la Transmutación y del Nuevo Orden te acompañarán durante este proceso.

## Es momento de soltar

Solemos aferrarnos a personas, objetos o situaciones, sustentando hábitos que no siempre son lo mejor para nuestra evolución. Estas son ataduras que nos sujetan a creencias, estilos de vida y costumbres, de los que muchas veces queremos desprendernos pero no nos atrevemos, excusándonos en no saber cómo hacerlo. Esta carta trae el mensaje de un ángel que está diciendo: Es Momento de Soltar. Esto significa que llegó el momento de librarte de tus ataduras. Suelta las amarras de tu vida, iza tus velas y lánzate a navegar; los vientos te serán propicios e irán dirigiendo tu rumbo. Que tus velas sean como tus alas, permitiéndote volar bajo la protección de los ángeles.

Cuando soltamos podemos llegar a sentir vértigo, pero no temas, no estás solo, tu Ángel de la Guarda está siempre a tu lado y no te abandona. Él puede sostenerte, no sólo en el plano físico, sino también en el emocional y espiritual. Al soltarnos, dejamos atrás lo pasado o lo que nos perturba y está distrayendo nuestra mente con contenidos limitantes; y nos abrimos a la libertad. Sin libertad no existen posibilidades de crecimiento. Tu alma no puede evolucionar ni lograr un ascenso, si te mantienes atado por temor, inseguridad, comodidad o lo que sea. No hay nada que temer. Recuerda el salmo: "El Señor es mi pastor, nada me puede faltar". Cada vez que te asalte la duda o el temor, suéltalos cantando ese salmo. Te elevarás en compañía de los ángeles. Al soltar estás dejando atrás lo viejo para dar entrada a lo nuevo. Recuerda que estamos inmersos en un Gran Proceso de Transformación constante. En esto consiste el Gran Plan Divino. Todo se transforma, muta y cambia; nada se pierde. Al soltar estás permitiendo que el Gran Plan siga su desarrollo. Eres un colaborador de Dios en la Tierra.

## Síguete a ti mismo

Los ídolos existen desde tiempos inmemoriales, sirviendo de modelos para los grupos humanos gregarios. Son guías-maestros que señalan los caminos a seguir. Y pueden estar entregando sabias enseñanzas a la humanidad.

Pero por otra parte, ocurre que, a los hombres nos resulta cómodo y práctico esto de seguir los dictados que nos llegan desde afuera, aunque no siempre esto es lo mejor para encontrarnos con nosotros mismos.

Un ejemplo trivial que lo demuestra es el condicionamiento que generan los "maestros de la moda" quienes van marcando los estilos, colores, telas, texturas, largos, etc. que toda la gente debe seguir para no quedar "afuera". Muchas veces esos modelos no son cómodos ni prácticos (especialmente al tratarse de zapatos) y, además, no a todos les sientan bien; sin embargo, hay que seguir los dictados de la moda, aunque nos salgan ampollas en los pies.

Esta "obediencia" nos lleva a sumarnos a todo tipo de mandatos innecesarios, aunque, la mayoría de las veces, no nos detenemos a recapacitar conscientemente en ello. Y este seguimiento de modelos también nos lleva a hacer muchos cursos de todo tipo, para luego repetir las fórmulas de cada uno de ellos, intentando cambiar nuestras vidas. Cosa que, verdaderamente podríamos lograr, si recordáramos que el mayor poder está dentro de nosotros y no en la fuerza de nuestro "ídolo".

El mensaje que este ángel te trae es: "Síguete a Ti Mismo", lo cual te está alertando ante los falsos ídolos. Y también te está diciendo que es posible que estés buscando muchas respuestas afuera, cuando podrían estar muy cerca de ti, muy dentro, anidadas en las profundidades de tu propia sabiduría.

Deja de buscar en el exterior, hay cosas que sólo tú mismo puedes saber. Pide ayuda a los ángeles, para ser guiado hacia tu parte más sabia y elevada. Esa es también una parte tuya, es tu Yo Superior, tu mejor consejero, el sabio que habita dentro de ti. Confía en él. Confía en ti.

## Haz una dieta natural

La alimentación es parte sustancial de nuestra vida. Comemos varias veces al día para sostener la energía necesaria que mantiene el sano funcionamiento de nuestra maquinaria. Al menos, ese es el propósito de la comida.

Pero resulta que los alimentos que ingerimos no siempre son los mejores para nuestro organismo. Algunos son tóxicos o tienen demasiadas grasas. Puede ser que, a veces, después de comer nos sintamos pesados y procesando una dificultosa digestión. Esto nos podría estar alertando sobre un cambio necesario en nuestro plan alimentario.

Actualmente existen muchos médicos o trabajadores de la salud de tendencia naturista, como así también infinidad de publicaciones sobre el tema; por lo que es muy accesible ponerse en contacto con los datos necesarios para planear una dieta de este tipo. Pero, tal vez, te estés preguntando qué tiene que ver todo esto con los ángeles. Pues bien, los alimentos que introducimos en nosotros se transforman en energía, como ya es bien sabido; por lo tanto, la calidad de nuestras vibraciones está vinculada estrechamente con la calidad de lo que las produce.

Lo que comemos y bebemos afecta nuestra frecuencia vibracional. El cigarrillo y las drogas también influyen en la calidad de las vibraciones de las personas. Si queremos estar más cerca de los ángeles, es necesario elevar la frecuencia vibratoria personal, de modo tal de aproximarnos a la de estos seres sutiles que nos rodean.

Una limpieza y depuración de nuestro cuerpo físico nos servirá de ayuda para sutilizar nuestras energías. Hacer una dieta natural ayuda a desintoxicar el organismo y lo prepara para un encuentro más sutil con nuestros amigos celestiales. Los ángeles sanadores pueden ayudarte a encontrar la dieta adecuada, guiándote al especialista o a un libro sobre el tema. No dudes en solicitarles ayuda, siempre están dispuestos a colaborar con nosotros para todo mejoramiento.

## Respira rítmicamente

Existe un gran respirador: Yo lo llamo el Gran Pulmón Cósmico. Es un solo Aliento del que todos participamos, y es el que sostiene la vida.

Estamos vivos por muchas razones, pero la más imperiosa e indispensable es respirar. Podemos sobrevivir sin comida por bastante tiempo, y sin beber por unos días; pero sin oxígeno resistimos sólo unos pocos minutos.

Al respirar seguimos un ritmo. A veces es acelerado, y otras más calmo; esto depende de si estamos en actividad o reposo, nerviosos o tranquilos, etc. Sin embargo, puede ocurrir que aun estando calmos, el ritmo respiratorio sea arrítmico, es decir, entrecortado en lugar de fluido.

Podemos detectar nuestro propio ritmo cuando meditamos, observando la propia respiración, siguiendo su recorrido en forma consciente. De este modo, lo conoceremos y aprenderemos mucho acerca de nosotros mismos. Recibiremos mucha información a través de nuestra propia respiración. Al inhalar estamos trayendo aire con energía cósmica indispensable para la vida. Esa energía comienza a fluir dentro de nosotros junto con el aire, penetrándonos por completo en cada célula. Al exhalar liberamos toxinas, las cuales serán recicladas por la naturaleza.

La respiración es un maravilloso proceso que sostiene la vida. No cortes tu ritmo, únete al ritmo del universo. Respiremos juntos. Reúnete con alguien a respirar al mismo ritmo. Compartirás un maravilloso momento. Los ángeles los estarán rodeando y acompañando su ritmo. Todos juntos participando de esta Gran Respiración que sostiene la vida.

## Busca tu propio sonido

Cada uno de nosotros tiene su propio sonido. Es la vibración personal. Y está representada en una nota musical, que es con la que nos identificamos y en la que vibramos.

Es momento de que te encuentres con tu propio sonido. Puedes buscarlo en la Naturaleza o en la música. Puedes encontrarte con él en cualquier momento y situación. Tal vez te cueste reconocerlo en un principio, pero cuando llegues a identificarlo no dudarás de que se trata de tu propio tono.

La meditación es un momento propicio para encontrarte con tu nota. Puedes intentar cantar con la boca cerrada diferentes notas musicales, emitiendo un sonido prolongado cuando exhalas el aire de tus pulmones. Después de varios intentos llegarás a descubrir cuál es el tono que produce una vibración especial dentro de ti. Te dará una sensación de paz y alegría al mismo tiempo. Te traerá confianza y bienestar. Ese es tu sonido o vibración personal. Es tu Tonal. Mientras estés realizando este ejercicio estarás tomando contacto con los Ángeles Entonadores y con los Ángeles Armonizadores, quienes te acompañarán y guiarán en tu propósito por ser los custodios de los sonidos y de los rituales.

Una vez que hayas identificado tu sonido, cántalo dentro de ti con la boca cerrada como una Mmmmm, o si prefieres puedes cantarlo con una vocal abierta y sonora. Apoya las manos sobre el centro de tu pecho mientras lo cantas. Siente la vibración que produce en todo tu ser. Respira profundo y luego emite tu sonido durante el mayor tiempo que puedas mientras exhalas. Ese es el tono que te sintoniza y en el que estás balanceado. Es posible que luego encuentres personas que sintonizan con tu mismo tono. Forman parte del mismo Grupo Tonal, es decir, comparten tus mismas vibraciones. Cuando ya conozcas tu tono, podrás utilizarlo en cualquier momento que lo desees como una forma rápida de armonizarte. Y sabrás que en ese momento estarán muy cerca de ti los ángeles acompañándote. A medida que repitas y practiques tu sonido, te irás familiarizando con él. Llegará un momento en que oirás esa nota vibrando dentro de ti en las ocasiones más insólitas, pero siempre vendrá acompañado de una sensación interior de gran armonía y equilibrio. El Tonal es una vibración que te conecta con los planos sutiles de la realidad por medio de la elevación de tus propias vibraciones. Al cantarlo estarás cantando tu propio mantram.[1]

## *Busca tu propio color*

Los colores son vibraciones que desde la más remota antigüedad tuvieron una especial significación para el ser humano. Según las distintas tradiciones y religiones, los colores reciben diferentes significaciones, de las que mencionaremos algunas. El rojo se asocia con la osadía, valentía, acción y calor. Para la Iglesia Católica el rojo encarnado representa el amor y el martirio. El azul simboliza la bondad, lealtad, paz y claridad. El color verde nos trae esperanza, regeneración, sanación, juventud. El violeta tiene que ver con la prudencia, amor a la verdad, transmutación y arrepentimiento. El amarillo-anaranjado es señal de confianza, intuición, revelación, sabiduría. El blanco es símbolo de pureza y alegría, y representa la paz. El negro es el color del luto.

---

[1] Encontrarás aclaración sobre qué es un Mantram, en el texto del Ángel Entonador.

Actualmente damos importancia a los colores para vestirnos, decorar nuestras casas o lugares de trabajo, y en muchas otras ocasiones. Los colores también son utilizados para la sanación. La cromoterapia se basa en este principio, sintonizando a la persona enferma con el color necesario para su mejoramiento. Los chakras —o centros de energía— que todos poseemos, vibran representando colores, y pueden ser armonizados a través de ellos (entre otras técnicas posibles).

Para conectarnos con los ángeles, es favorecedor usar ropas y ubicarse en ambientes en los que colores claros o pasteles sean los predominantes. También sirve de gran ayuda aromatizar el lugar con flores recién cortadas, y ahumar con incienso o mirra. Los ángeles se acercan atraídos a los ambientes y personas cuando se dan estas circunstancias. La limpieza, el orden y los espacios luminosos y ventilados favorecen el acercamiento de las presencias celestiales.

Pero a su vez, cada uno de nosotros tiene una vibración particular asociada con un color. Ese color no necesariamente es siempre el mismo. Puede ir cambiando acorde con las etapas que vas atravesando en tu vida. Es posible que en algún momento te haya gustado mucho vestirte de determinado color y que lo hayas preferido para decorar tu casa. Sin embargo, puede ser que ahora sientas que tu color es otro completamente diferente.

Esto tiene que ver con tu cambio vibracional. Todos los que estamos haciendo un camino espiritual consciente, estamos elevando paulatinamente nuestro nivel vibratorio y esto está relacionado con todos los aspectos de nuestra vida. Muchos de tus gustos pueden haber cambiado, y es lógico que así sea; y dentro de ellos están los colores.

Pon atención al color que ahora necesitas. Puede ser tu color sólo para este momento, o para un período corto o largo en tu vida. Ya lo irás descubriendo. Tu color es aquel con el que más sintonizas. Una manera de descubrirlo es a través de la ropa que usamos. Cuando te pones ropa del color que armoniza contigo te sientes mejor, más balanceado y a gusto. De la misma manera que, si estás rodeado por paredes, tapizados o alfombras de los colores que te favorecen, sentirás la diferencia.

Sintonizarte con tu color es una de las maneras de encontrarte y descubrirte. Este autoconocimiento te irá acercando cada vez más al encuentro con tu ángel.

## Busca tu propio lugar

Sabemos que la casualidad no existe. Que nada sucede al azar. Que todo sigue el ritmo sincrónico del universo. Que estamos sujetos a ciertas leyes universales que disponen cada movimiento de nuestras vidas. Que todo tiene un propósito.

No es casual que hayas nacido en el país en el que naciste, como tampoco lo es tu familia ni el tiempo histórico en el que has llegado a la Tierra. Todo ha sido sabiamente planeado para que puedan desarrollarse los objetivos de tu vida. Tal vez pueda no ser de tu agrado lo que te ha tocado desde este plano de la realidad. Sin embargo, tú mismo lo has elegido desde otro plano de ti mismo antes de encarnar en este planeta con la forma humana que ahora tienes. Vale decir: "No te ha tocado" sino "que lo has elegido". A pesar de esto, muchas veces sentimos que no estamos en el lugar apropiado. Tenemos deseos de huir. Una necesidad de cambio nos moviliza internamente, pero no tenemos bien en claro qué es lo que necesitamos o queremos cambiar. El cambio no necesita ser externo. Puede implicar mover tu postura o actitud ante una idea. El otro ángulo puede darte una perspectiva que ni te imaginabas.

Nuestro lugar puede estar en cualquier parte, pero lo reconocemos de inmediato cuando llegamos a él. Nos sentimos cómodos. No nos gustaría irnos de allí. Hay una sensación de estar en casa. Esto puede sucederte tanto en un lugar de trabajo, como en una casa o al aire libre. También puede sucederte en todas partes. En este último caso se trata de que has encontrado tu lugar interno. Estás centrado en ti mismo. Tus energías están balanceadas. Tus deseos están detenidos. Vives en una actitud de entrega y desapego. Este estado ideal alcanzado por algunos maestros iluminados lleva a la paz y serenidad internas. Al alcance de todos está el intentarlo.

Esta carta te está diciendo que busques tu propio lugar. Puede ser un espacio interno o externo. Puede ser que necesites revalorizarte, asumir todo tu potencial y mostrarlo al mundo. A veces no ocupamos nuestro lugar porque lo hemos cedido a otro o a otros. Tomar posesión de uno mismo es fundamental para el crecimiento y desarrollo personal, y para que cumplamos nuestro propósito de vida. Aunque parezcamos enteros estamos proyectando permanentemente pedacitos nuestros en la gente que nos rodea. Es más fácil ver lo propio afuera que adentro. Los demás nos sirven de espejos que nos muestran nuestra propia realidad. Si nos irritamos por el desorden o la impuntualidad de los demás, es un buen indicador de que es necesario revisar nuestra propia relación con el orden y el horario. Entonces cabría preguntarse a uno mismo: "¿Soy yo puntual?" o "¿Soy yo ordenado con mis cosas?". Este no es más que un ejemplo para ilustrar esto de poner partes nuestras afuera, en el mundo, en otras personas. Con esta proyección, lo único que logramos es alejarnos de nosotros mismos, de nuestra propia completud.

Es momento de integrar todos nuestros aspectos, tanto los que nos gustan como los que no nos gustan tanto. A estos últimos sólo podremos modificarlos cuando sepamos que contamos con ellos en nuestro equipaje personal. Y así podremos trabajar sobre los aspectos no deseados para darle la forma más conveniente. Tomar el propio lugar implica asumir el propio poder, para lo cual es necesaria toda la energía de la que disponemos. Si la seguimos poniendo afuera no será posible que ocupemos nuestro propio lugar en el mundo. Al tomar nuestro propio lugar, podremos llegar a ver las cosas desde un punto de vista bien diferente. No temas lo que eres. Despliega tus alas. Los ángeles te acompañarán en tu vuelo de despegue.

## Reúnete en grupo a meditar

Cuando meditamos, nuestras energías se elevan y trascienden el plano de la materia ingresando a otros mundos. De acuerdo con el grado evolutivo del alma de cada uno será el mundo al que esta ingresa; esto explica el porqué de que no todas las visiones o visualizaciones sean las mismas en todas las personas, aunque mediten al unísono. De todos modos, el meditar grupalmente es una tarea importante a realizar en estos tiempos. Al unir tu propia energía, intención y propósito con los de otros, estás amplificando el alcance de los mismos de manera incalculable.

La elevación grupal de energías produce un efecto expansivo y dinamizador. Se convierte en una central energética que puede extenderse en todas direcciones. Si previamente a iniciar la meditación, enfocamos nuestras mentes —en forma consciente e intencional— sobre algún propósito en particular, podremos verificar resultados sorprendentes.

Al reunirse a meditar en grupo es bueno buscar un punto de unión de las mentes, visualizándolo por sobre la cabeza como una luz o una estrella que emana rayos de luz hacia arriba en un punto en el que todos los rayos se unen en uno solo. De este modo, todas las vibraciones del grupo presente se elevarán hacia el punto más alto y serán guiados por el propósito más elevado. En este momento hay muchos grupos de meditación diseminados a lo largo y a lo ancho del planeta, que se están reuniendo a meditar en forma periódica. Algunos trabajan para la salud de los enfermos, otros para la limpieza planetaria en todos sus niveles, otros para elevar las mentes de los gobernantes induciéndolos al mejoramiento de las naciones en bien de la humanidad, otros piden por la paz mundial. Son muchos los propósitos para el bien de todos y de acuerdo con la voluntad divina que podemos invocar en estas meditaciones grupales.

Esta carta te está pidiendo que te reúnas en grupo a meditar. Esto puede decirte que te unas a un grupo ya formado o que inicies uno tú mismo. La respuesta y la manera la descubrirás pidiendo ayuda a los ángeles, quienes serán una dispuesta ayuda tanto para que encuentres el grupo al que te integrarás, como para guiarte en la manera de formar uno nuevo.

## Trabaja por la limpieza planetaria

En los últimos quince años fue tomando cada vez más importancia el cuidado del planeta. Poco a poco, todos hemos sido más conscientes de la interdependencia que existe entre todas las formas de vida. La ecología ocupa un papel relevante en los programas de enseñanza de las escuelas, en grupos de trabajo independientes, en los planes de gobierno de las naciones, en la literatura y en muchas otras áreas.

Todo a nuestro alrededor se ha tornado ecológico. Creo que la ecología es de inspiración angélica. Es una manera de espiritualizar nuestro entorno, haciéndonos más conscientes de que todo lo creado —incluso el hombre— forma parte de un Gran Todo. Necesitamos fundamentalmente del aire para vivir. La respiración es lo que nos mantiene vivos en esta forma tridimensional que tenemos. El aire debe estar puro para que nuestro organismo no enferme. También necesitamos del agua y esta debe estar limpia para no infectarnos. La tierra nos da alimentos que para crecer necesitan del sol, del aire y del agua. Para los que comen animales, diremos que estos necesitan a su vez comer de los frutos de la tierra no contaminados, y a su vez necesitan del aire y del agua en buen estado.

Toda la vida necesita de los elementos básicos que la componen: aire, agua, tierra, fuego. La alquimia de la vida funciona cuando estos elementos están en perfecto equilibrio. A esto llamamos ecología.

Esta alquimia se ha desequilibrado. Ya el aire no es puro, a veces, ni en el campo. Lo mismo ocurre con el agua contaminada con químicos, plásticos y desechos de todo tipo. Por su lado, la tierra va absorbiendo todo esto del aire y del agua que se filtra en sus capas. El elemento fuego, expresado en el Sol, limpia y purifica el proceso lo más que puede, pero a veces su fuerza es tan intensa que lastima nuestra piel y reseca las plantas, debido a que los filtros naturales existentes en la atmósfera se están debilitando por la acción contaminante que desarrolla la humanidad. La situación planetaria es crítica, pero aún podemos revertirla si todos trabajamos en conjunto para lograrlo. La carta que has seleccionado está eligiéndote como a uno de sus servidores en esta limpieza planetaria. La tarea puede comenzar desde tu casa, usando menos energía eléctrica, menos plástico, detergentes biodegradables, manteniendo limpia la vereda, etc. Y al salir de tu casa recuerda que la calle es también parte de nuestro planeta y debemos colaborar en mantenerla limpia. Si no encuentras un cesto de basura, guarda el papelito o la lata para tirarlos en la bolsita de residuos en tu casa.

Hay miles de maneras de trabajar por la limpieza planetaria. En la actualidad existen muchos libros que enseñan cómo hacerlo. Y a medida que los leas o que pienses en ello, se te ocurrirán nuevas formas de colaborar. Lo importante es que empieces a hacerlo ya. Los ángeles del lugar y del paisaje te irán guiando en esta tarea, y muchos otros ángeles más se acercarán a ti para ayudarte. Recuerda que Dios nos entregó un planeta limpio y no supimos cómo cuidarlo; ahora llegó el momento de reparar lo hecho. Comienza tu propia campaña de limpieza planetaria. El Creador de Todo lo Creado estará bendiciéndote por respetar su obra y miles de ángeles acudirán a tu encuentro.

## Escucha a un Maestro

Pueden existir muchos Maestros en las vidas de cada uno de nosotros, según las diferentes etapas que vamos atravesando. Un Maestro puede ser como un hermano mayor que nos guía espiritualmente y puede ser visible o invisible.

En todas las tradiciones y culturas encontramos Maestros o gurúes que son quienes transmiten las enseñanzas a sus discípulos. El proceso de enseñanza-aprendizaje se convierte en una comunión de energías que se entrelazan entre maestro y discípulo formando un nuevo cuerpo común ascendido. Las energías del discípulo se elevan al ponerse en contacto con las del Maestro, siendo que a veces no es necesario que el Maestro pronuncie palabra alguna para que la transformación sea realizada.

El proceso de enseñanza-aprendizaje se desarrolla en varios planos simultáneos. Cuando el Maestro habla, permite que su mensaje sea registrado desde el plano de la mente consciente. Pero al mismo tiempo, el discípulo se impregna de las vibraciones elevadas del Maestro, mientras escucha el discurso verbal que este expone. A su vez, pueden estar sucediendo transformaciones en la mente subconsciente del discípulo por las imágenes-mensaje que en ella se imprimen mientras escucha las palabras. Otra cosa que sucede es que cuando el Maestro está en silencio —meditando u orando— irradia elevadísimas vibraciones que nos conectan con mundos superiores de los que recibimos sabiduría y paz. También pueden ocurrir transformaciones en el cuerpo físico, como el sanar de alguna dolencia, ya que el proceso de intercambio y elevación de energías que se produce con el contacto maestro-discípulo puede operar ciertos cambios en todos nuestros cuerpos, en la medida en que estemos abiertos y entregados al proceso.

Los Maestros de todos los tiempos nos han dejado importantes enseñanzas que permanecen vigentes y no se vuelven antiguas en los albores del año 2000. Son estas Grandes Enseñanzas las que elevan nuestra dignidad como humanos. Felizmente estamos recordándolas y poniéndolas en práctica, y esto colaborará en la ardua tarea de nuestro propio rescate.

Pero también existe un Maestro dentro de nosotros mismos. Es nuestro Maestro Interno. Es como un sabio que vive en nosotros.

Cuanto más cerca estemos de este Maestro Interno más apacibles serán nuestras vidas. El conectarnos con esta sabiduría interior, con nuestro Yo Superior, nos permitirá mayor claridad y ampliará la visión de lo que llamamos "la realidad".

Cuando nos reunimos en grupo —ya sean sólo dos personas— y hacemos contacto con la presencia de nuestros Maestros Internos, estamos elevando nuestras vibraciones aunadamente y el efecto de la tarea realizada se volverá más armonioso y trascendente. Podemos consultar a nuestro Maestro Interno en la toma de decisiones ante una encrucijada en nuestras vidas. Él siempre está allí montando guardia a la espera de nuestro pedido de ayuda. El Maestro Interno trabaja en colaboración con nuestro Ángel de la Guarda y, por momentos, se fusionan en uno solo. Recordemos siempre que todos somos Uno en otro plano de la realidad. Esta carta te está pidiendo que escuches a un maestro, este puede ser tanto exterior como interior. Lo importante es que te dispongas a escucharlo, que te entregues a su sabiduría, sin criticarlo ni juzgarlo. No es beneficioso para nadie el querer controlarlo todo. El control funciona desde los planos inferiores de la personalidad y de la mente. Al soltar el control efectuamos un acto de entrega que nos eleva por sobre la situación y que beneficia su propio desarrollo en bien de nuestra evolución como almas y como personas.

## Visita una librería

Las librerías son sitios casi mágicos donde es posible encontrarse con los autores de los libros en persona o en espíritu. Recorriendo sus corredores, mesas y estantes, aparecen historias, conocimientos y personajes muchas veces olvidados. Los libros guardan tesoros escondidos que se despliegan al abrirse sus páginas como palomas saliendo de la galera de un mago.

Al entrar en una librería sin buscar nada en especial, resulta a veces misterioso qué es lo que nos atrae hacia un libro y no hacia otro. Hay una especie de magnetismo que opera en ciertos momentos produciendo estos fenómenos de atracción repentina. Pareciera que el espíritu del autor nos estuviera llamando desde el libro, deseoso de que lo alcemos y lo llevemos a ocupar un lugar de privilegio en la mesita de noche junto a nuestra cama.

¡Tantos libros esperan en silencio que algún lector les preste atención, los adopte y los incorpore a su biblioteca personal! No es casual que hayan sido escritos. Cada vez que un libro es escrito ya está siendo destinado a alguien en especial, pero no siempre su destinatario (o destinatarios) ponen atención a tiempo al mensaje que se les envía por este medio y de este modo retrasan su propio proceso de despertar, vale decir, la conexión con su sabiduría personal.

Esta carta te está pidiendo que te des la oportunidad de visitar una librería. Guíate por tu intuición y entra en la que sientas un deseo interior, algo que te empuja a entrar. Una vez allí, déjate estar. Recórrela tranquilamente. Si hay alguna silla, siéntate un rato y quédate allí contemplando. Mira sus estanterías y expositores. Deja ir tu mano hacia los libros por los que esta es atraída. Ojéalos, lee al azar algún párrafo, déjate llevar. Después de un rato te darás cuenta de cuál es el libro (o los libros) que tienen un mensaje para ti. No dudes en comprarlos y llevarlos contigo, formarán parte de tu patrimonio más elevado y preciado. Hay un mensaje que dentro de un libro te está esperando y que te ayudarán en tu crecimiento personal. No lo postergues, encuéntrate con él.

## Llama a un viejo amigo

A veces estamos tan ocupados en los menesteres de la vida cotidiana —especialmente quienes vivimos en grandes ciudades—, que olvidamos sostener los lazos que en algún momento nos unieron a otras personas. Sin embargo, vamos creando nuevos vínculos, más o menos profundos, aumentando la lista de nombres en nuestra agenda telefónica, a los que raramente llamaremos alguna vez.

Cuando creamos un vínculo con alguien, estamos tejiendo un hilo que nos conecta energéticamente a uno con el otro. Estos hilos pueden ir aumentando en grosor y resistencia, volviéndose alianzas —poderosas e indestructibles— en las que no influyen el tiempo ni la distancia de la separación (si es que existiese una separación). Y, como nada es casual ni al azar, debemos consideras que las personas con las que nos vamos vinculando a lo largo de nuestras vidas, aparecen en ellas con algún propósito. Todo forma parte de nuestro aprendizaje en esta vida en la Tierra y no debemos desaprovechar ninguna oportunidad de aprender. Nuestra evolución como almas depende de ello.

Cada relación, tanto sea: padres con hijos, entre hermanos, primos o parientes, profesores, compañeros de escuela o trabajo, amigos, etc. tiene un sentido especial en nuestras vidas. Uno debe aprender algo del otro. Son enseñanzas de vida que recibimos o entregamos, generalmente, sin ser conscientes de ello. A medida que avanzamos en el camino del autoconocimiento podremos ir participando en forma más consciente de estos procesos, y descubriremos que en cada situación, en cada relación, se esconde una oportunidad de aprender algo. Porque, es más importante estar conscientes cuando estamos aprendiendo algo que cuando lo estamos enseñando. El que aprende está recibiendo la oportunidad de progresar y, en consecuencia, eleva a su "maestro" ocasional.

Estas relaciones pueden ser también oportunidades de cancelar antiguas deudas kármicas, ya sea recibiendo o entregando. De manera que estos vínculos nos permitirían cortar lazos que nos atan inconscientemente al pasado lejano de nuestra alma. Esta carta te está pidiendo que llames a un viejo amigo. Deja vagar tu mente y recibe la imagen de quien se te presente primero. No seas ansioso, no te dejes atrapar por la urgencia. Tal vez te sirva de ayuda consultar tu agenda telefónica, leyéndola desde la A hasta la Z. Algo se iluminará en ti, guiándote hacia el nombre de la persona con quien necesitas encontrarte. Hay un capítulo de tu vida que necesita cerrarse. De nada sirve tener cosas pendientes. Es momento de soltar el pasado y perdonar.

## Conéctate con el viento

"El viento es el aire en movimiento", dice la definición de *viento*. Por lo que podríamos decir que el viento es una travesura del aire. La geografía ha clasificado a los vientos y les ha dado nombres diferentes según de dónde vienen y hacia dónde van. Los químicos han analizado el aire y descubrieron que es un compuesto de varios gases. Sin embargo, el aire es el aire. El aire es lo que respiramos y nos mantiene vivos. Del aire depende toda la vida, tal como la conocemos en este planeta. Sin aire no podríamos vivir más que unos minutos. Del aire viene el soplo de la vida, el aliento que todo lo mueve. No habría humanos, animales ni plantas sin la existencia del aire.

El aire es uno de los cuatro elementos básicos de la Naturaleza. Al conectarte con él, estás atrayendo la presencia de los silfos, espíritus que habitan el aire y los vientos. Estos espíritus son los que producen las variaciones de los vientos. Puedes conectarte con ellos y pedirles ayuda para detener tempestades y calmar sus impulsos desenfrenados por limpiar la atmósfera y remover el aire. Podemos pedir a los silfos que trabajen con más serenidad y para el bien de todos.

Esta carta te está dando una oportunidad para sentir el viento. Puedes ir a un parque o a cualquier lugar que prefieras y tengas a tu alcance. Deja que el aire recorra tu cara, tu pelo, todo tu cuerpo. Cierra los ojos y conéctate con la brisa, con el viento, con la bruma, con todo lo que flota en el aire poblado de espíritus celestiales. El Ángel del Paisaje estará acompañándote. Podrás sentir la volatilidad del aire rodeándote y entrando en tu cuerpo. Inspíralo profundamente y hazlo circular por todas tus fibras; al exhalarlo, despójate de lo que ya no sirve. Y recuerda que el viento es una caricia de Dios sobre tu rostro.

## Conéctate con el agua

Los humanos somos agua en un noventa por ciento. Si desapareciese ese noventa por ciento, ¿qué quedaría?

Nuestro planeta es agua en un setenta y uno por ciento. Sería imposible imaginar que fuese solo tierra.

Estamos acostumbrados a no dar importancia a las cosas más importantes de la vida, poniendo en primer plano cualquier otra de dudosa imprescindibilidad. Desde que nos levantamos estamos en contacto con el agua. Nos duchamos, nos lavamos los dientes, tomamos un té o un café. Nuestro día comienza bendecido por el agua. Sin embargo, solos nos damos cuenta del lugar que esta ocupa en nuestras vidas el día en que cortan el suministro de agua por un rato. Casi desesperamos. No sabemos qué hacer. Eso de abrir las canillas y que no salga nada nos desconcierta terriblemente. El agua es una de las cosas que se nos vuelve obvia en nuestro sistema de vida. Sin agua podríamos vivir apenas unos pocos días, dependiendo del calor al que estuviésemos expuestos; sin embargo, no somos demasiado conscientes de ello. Actualmente, las aguas del planeta están en un crítico estado de contaminación, provocado por el mismo hombre. Es mucho lo que se puede hacer al respecto para revertir la situación alarmante; pero lo fundamental sería no contaminar más, antes de estar pensando en costosas maneras de limpiar las aguas. La Naturaleza tiene su propio sistema autolimpiante, si la dejamos, opera tranquila; pero es imprescindible que no sigamos ensuciando.

El agua es uno de los cuatro elementos básicos de la Naturaleza. En el agua es donde se generó la vida. Los hombres y todos los mamíferos nacemos en un medio líquido en el que pasamos todos los meses de gestación y desarrollo embrionario. En cuanto nacemos, lo primero que hacen con nosotros es bañarnos. Pocos días después, muchos de nosotros somos iniciados en religiones que nos bendicen con el agua. Durante el primer año de vida somos denominados "lactantes", no hacemos más que beber líquidos. Somos sólidos en apariencia, pero líquidos en esencia. Somos seres acuáticos. Siendo bebés y libres de temores instaurados en nuestras mentes, nos desplazamos espontáneamente en el agua, pareciendo casi anfibios. El agua es un elemento vital para el ser humanos y para la existencia de la vida en este planeta.

El agua está custodiada por espíritus que habitan en ella, a los que la mitología germana y escandinava dio el nombre de "ondinas". Los grecorromanos las llamaron "ninfas". Son espíritus femeninos que, según la leyenda, atraen a los hombres, pescadores y marinos, sumergiéndolos en lo más profundo de las aguas y envolviéndolos en sus amores. También hay ángeles de las aguas que pueden sostenerte y acompañarte mientras nadas apaciblemente entre la blandura refrescante y cristalina de su medio, haciéndote sentir una sensación de liviandad y relajamiento.

Al seleccionar esta carta te estás dando la oportunidad de ponerte en contacto con el agua. Esto puede significar tanto que vayas a nadar a una piscina como que te sumerjas en el mar, un río o un arroyo; o que tomes un baño de inmersión al que podrías agregar hierbas y sales. Y en caso de que nada de esto fuese posible por el momento, puedes tomar una ducha prolongada, dejando correr el agua desde tu cabeza hasta tus pies, sintiendo como esta te libera de tensiones, preocupaciones, temores y todo lo que tú necesites liberar en tu vida.

Recuerda que al ponerte en contacto con el agua, estás haciendo contacto con una parte esencial de ti mismo, y esto puede traerte imágenes o recuerdos en los que tienes que trabajar ahora para continuar con tu desarrollo personal. Relájate en el agua y deja que estas imágenes lleguen a ti. Tal vez sean canciones o palabras que espontáneamente surjan, y que desees pronunciar en forma repetitiva mientras estás en el agua. Luego de la experiencia, toma nota de lo sucedido en tu cuaderno de contacto angélico, es posible que descubras algo de importancia para tu propio autoconocimiento.

## Conéctate con el fuego

Cada amanecer es un fuego que se levanta en el horizonte. Los indígenas de todos los confines de la Tierra saludan la salida y la puesta del Sol. También hacen un saludo al mediodía cuando el Sol está en su fulgor máximo en dirección a nosotros. Pero ¿cuál es el mediodía? Todo depende del punto del planeta en el que estemos parados. Hay muchos mediodías en el transcurso del día, a lo largo y a lo ancho de la Tierra, como también hay muchos amaneceres y atardeceres. La magia del Padre Sol, del fuego que despierta la vida cada día, es un ritual cotidiano del que apenas si tomamos cuenta.

No existiría la vida tal como la conocemos aquí, en la Tierra, sin la existencia del fuego, del Sol. El proceso de la fotosíntesis que permite el desarrollo de las plantas; las que, a su vez, brindan oxígeno para que podamos respirar y alimento para que hombres y animales puedan subsistir, depende totalmente del brillo del Sol.

El Sol es el padre que fecunda a la Madre Tierra para que esta dé sus frutos. Y así los llamaban los indígenas que comprendían a la perfección el funcionamiento propuesto por el Creador: Padre Sol —Inti— y Madre Tierra —Pacha Mama—. Ambos unidos desde el principio para hacer posible este tipo de vida en este rincón del sistema solar. Por eso los indígenas, comprendiendo muy bien estos principios básicos de la vida, agradecían a su madre y a su padre cada día por el alimento que recibían y que les permitía mantenerse vivos. Era un acto religioso cotidiano que se fue perdiendo con el tiempo y debido a la incomprensión, ignorancia e intolerancia del hombre supuestamente "civilizado", que no es más que otra manera de decir "olvidado de sus orígenes y del lugar al que pertenece". El fuego está habitado por espíritus elementales llamados "salamandras". Estos danzan y se desplazan entre las llamas rojas y azuladas de las fogatas brindando, a veces, misteriosos mensajes. Muchas iniciaciones espirituales se hacían junto al Fuego Sagrado, que en muchos escritos antiguos tiene un sentido espiritual e iluminador. El fuego también es utilizado como símbolo de día, iluminando la noche. El elemento fuego es el más importante de los cuatro elementos, ya que es una expresión del Fuego Sagrado del cual proceden la Llama Violeta y las otras llamas según nos explican las enseñanzas de Saint Germain.

Los evangelios del Nuevo Testamento cuentan cómo el Espíritu Santo se presenta en forma de fuego ante los primeros cristianos:

*Y se les aparecieron lenguas como de fuego, repartidas sobre cada uno de ellos. Y todos quedaron llenos del Espíritu Santo.*

*Hechos de los Apóstoles 2, 3-4*

El fuego tiene un poder altamente transmutador. Produce cambios en la materia. También el fuego es la metáfora de todos los cambios que pueden producirse en nosotros mismos. Dentro de nosotros existe un fuego interior expresado en el chakra del plexo solar desde donde pulsan nuestras emociones. El chakra del corazón es donde se centra el fuego del amor. Estos centros energéticos regulan nuestro fuego interno. Podemos alcanzar la purificación por medio del fuego interno que puede llevarnos a la iluminación y a la verdad, como así también a la destrucción.

El fuego es el motor de la regeneración y produce una purificación alquímica. La purificación del fuego es complementaria a la purificación del agua. El agua limpia y nos encamina hacia la bondad; el fuego transmuta y nos ilumina, elevándonos. Esta carta te está pidiendo que hagas contacto con el fuego, uno de los elementos básicos de la Naturaleza. Una manera sencilla de acercarte a él es exponiéndote a los rayos del Sol. Puedes crear un sencillo ritual a la salida o a la puesta del Sol, o al mediodía si lo prefieres. Un parque, la orilla del mar o cualquier sitio que esté a tu alcance servirán para tu encuentro con el Sol. Pero también es posible que esta carta te esté diciendo que enciendas tu llama interior, que despiertes la sabiduría que hay en ti y la eleves en expresión sagrada como el fuego eleva sus llamas hacia el cielo. Y un tercer aspecto de esta carta sería que recuerdes que el odio y el amor son dos caras de una misma moneda; el punto intermedio entre ambos es el amor incondicional que trae el equilibrio y la calma interior. El perdón es uno de los atributos del fuego, ya que transforma rencor y odio, en amor y aceptación. Aprovecha la oportunidad que esta carta te brinda para realizar un cambio en tu vida.

## Conéctate con la tierra

La tierra es la cuna de la semilla. El viento le canta el arrorró y lleva de paseo a sus hijos para que luego crezcan en otros campos. El Sol la abriga y promueve más frutos al brindarle su luz. La lluvia la refresca y la alimenta, ayudándola a crecer. Es toda una magia el proceso de la vida que se nos muestra en la historia de una simple y pequeñita semilla. Pero la semilla necesita de la tierra para echar raíces firmes. Un árbol no puede crecer en el aire.

Nosotros somos como árboles. Necesitamos nuestras raíces para poder crecer. El chakra raíz, en la base de la columna vertebral, es nuestro soporte básico de subsistencia. Es lo que nos mantiene energéticamente ligados a la tierra, a lo básico, a la materia. Uno de los cuatro elementos básicos de la naturaleza es la tierra.

Los espíritus elementales que custodian la tierra son los gnomos. Las leyendas nos cuentan que habitan los bosques, trabajan en el fondo de la tierra cortando los cristales que resultarán piedras preciosas, construyen las plantas y las flores, y andan por todos lados. Son muy trabajadores y a veces pueden ser vistos por los niños o por personas clarividentes.

La Pacha Mama es la Madre Tierra. Asociamos a la Tierra con la mujer, por sus rasgos comunes. Ambas tienen el poder de generar la vida en sí mismas. Ambas son nutritivas y proveen alimento de sus entrañas para sus hijos. Las antiguas civilizaciones de todos los confines del planeta conocieron esto a la perfección. Para los indígenas del Altiplano andino, la Pacha Mama simboliza la fuerza reproductora de la naturaleza.

Las creencias africanas y asiáticas hacen un paralelismo entre la Tierra y la mujer, sosteniendo que las mujeres estériles podrían volver la Tierra estéril. Del mismo modo que la mujer embarazada podría traer fecundidad a la Tierra si ella misma sembrara las semillas. El Corán dice: *"Vuestras mujeres son para vosotros como los campos"* (11,223).

Para los Aztecas, la Tierra tiene dos aspectos, uno constructivo y otro destructivo. El constructivo tiene que ver con la vida que entrega, o sea, con su carácter nutritivo. El segundo aspecto —y opuesto al primero— es el reclamar a los muertos. La Biblia nos dice "polvo eres y en polvo te convertirás". Fuimos modelados en tierra y, al cumplirse nuestro ciclo, volvemos a ella. Devolvemos lo que nos dieron prestado. Nos re-integramos a la esencia de la Tierra, de la cual formamos parte. La Tierra nos ha parido y luego nos acoge en su seno al terminar nuestro período de aprendizaje en cada encarnación en este planeta. La polaridad de la Tierra es el Cielo. La oración dice: "Así en la tierra como en el cielo", indicando dos puntos opuestos y, por lo tanto, complementarios. Nuestro chakra coronario, en lo alto de nuestra cabeza es una "abertura" o conexión con el cielo, con lo más elevado. De manera tal que en nosotros mismos circulan las energías telúricas y cósmicas, atraídas por nuestros chakras raíz y coronario. Si ambos chakras están abiertos y funcionando armónicamente, podríamos decir que estamos bien anclados en la Tierra, lo cual nos permitirá desempeñar nuestras funciones en el plano de la tercera dimensión, sin inconvenientes mayores, ya que dispondremos de ambas energías en forma equilibrada para cumplir con nuestras misiones en la Tierra.

La guía que recibimos del plano cósmico superior a través del chakra coronario es lo que nos da lucidez, certeza, y nos guía en nuestro sendero —de acuerdo con la voluntad divina— para que se cumpla el plan que nos fue asignado y que nos comprometimos realizar. Hay muchas maneras de hacerlo. Todos los caminos conducen a Roma. Pero la guía de nuestro Yo Superior —al que accedemos por el coronario— será la mejor consejera y orientadora. Es ese aspecto nuestro más elevado el que sabe bien qué es lo que vinimos a hacer a la Tierra, y sólo él puede ayudarnos.

Pero sucede que si sólo nos quedamos conectados con los mundos superiores, meditando todo el día, no podremos realizar nuestra tarea. Para esto contamos con la fuerza telúrica que llega a nosotros por el chakra raíz. Tenemos que anclar la energía cósmica en la Tierra a través de nuestro trabajo cotidiano, sea el que fuere. Cada uno de nosotros está ocupando lugares clave. Puedes ser empleada doméstica o administrativa, maestro/a, bancario, empresario o ama de casa. No importa el lugar ni el tipo de trabajo. En cualquier lado se puede desarrollar el plan divino. Todos los roles son necesarios.

Es bueno recordar que si estamos encarnados en la Tierra ocupando un cuerpo físico, es porque nuestra tarea la tenemos que desarrollar desde nuestro cuerpo y en la Tierra. De otro modo, nos hubiesen ubicado en otra parte, en otro planeta más sutil, o seríamos ángeles, puro espíritu. Pero no es así. Por eso es imprescindible que cuidemos nuestro cuerpo, para poder usarlo como el valioso instrumento que es. De este modo podremos desarrollar nuestra misión, que es obvio que está aquí, en la Tierra. No creo que el haber nacido sea un error.

Esta carta te está diciendo que te conectes con la Tierra. Esto podría significar que necesitas estar más anclado y conectado con el plano de lo concreto, con proyectos a realizar que tienes pendientes pero que no efectivizas. Un buen ejercicio para ayudarte a dirigir tus energías sería que visualices tus raíces bajando a la tierra como si fueras un árbol. Siéntate en una silla e imagina que de las plantas de tus pies y de la base de tu columna (chakra raíz), salen raíces hacia la tierra, penetrando en ella y agarrándose bien fuerte, como sucede con el árbol. Repite todos los días este ejercicio, durante un período de siete días. Después de un descanso y cuando lo sientas necesario, vuelve a repetir otro ciclo de siete días.

Otra faceta que podría estar expresándote esta carta (Conéctate con la Tierra) es la necesidad de que desarrolles tu aspecto constructivo y nutritivo. No importa si eres hombre o mujer. Todos debemos equilibrar nuestras energías femenina y masculina. El dar a luz algo nuevo en tu vida puede ser una manera de conectarte con la tierra, que hay en ti. El acto de engendrar supone la existencia de ambas energías. La Tierra se autofecunda, por decirlo de alguna manera, al integrar en ella la acción del fuego (Sol), aire y agua. Del mismo modo, tú puedes autofecundarte incorporando y equilibrando en ti mismo tus energías masculina y femenina. De este modo estarás usando plenamente tu capacidad creadora, y no estarás separado del Todo.

Esta carta también podría estar sugiriéndote que realices un pequeño ritual de agradecimiento y ofrenda a la Pacha Mama. Felizmente, transitando los finales de la Era de Piscis y el ingreso en la Era de Acuario, está aconteciendo un espontaneo y extraoficial regreso a las fuentes, a los rituales de la Tierra, a las formas esenciales. Podrás encontrar amplio material al respecto en las librerías y en centros especializados. Pero como la Tierra es una madre y las madres siempre reciben con los brazos abiertos los regalos bien intencionados de sus hijos, simplemente puedes realizar el reconocimiento o agradecimiento que te surja espontáneamente desde tu corazón. Serás bendecido por la Tierra.

# Epílogo

Leer y releer este libro es como ir tejiendo y destejiendo para poder finalmente dar forma a una trama dentro de ti que te irá conectando, paulatinamente, con tu mundo interior más íntimo, ese espacio al que nadie a tu alrededor puede acceder, ni siquiera a veces tú mismo. Es un tejido que tú podrás hacer a tu medida, a tu estilo, hasta que un día creerás que ya está listo, que ya lo has terminado. Sin embargo, esto es ilusorio ya que la obra nunca se concluye (al menos en este plano en el que vivimos en el Planeta Tierra). Siempre habrá más por descubrir. De esta manera, habrás entrado en el maravilloso camino del conocimiento y de la iluminación.

El leer este libro y usar el Oráculo de los Ángeles es una manera de meditar que te irá llevando de la mano, junto con tu Ángel Guardián y Compañero, por el sendero de tu autoconocimiento. Este conocimiento de ti mismo es un paso fundamental en tu crecimiento personal que te permitirá comprender y vislumbrar, por un lado: los cambios internos que necesitas hacer en ti mismo (revisión y re-planteamineto de tu sistema de creencias); y por otro, las modificaciones externas en tu estilo de vida que se ajusten a tu nuevo sistema de creencias. No se trata del cambio por el cambio en sí mismo, sino de acoplar nuestra vida a nuestras creencias, y de esta manera estaremos alineados, nuestros cuatro cuerpos funcionarán en armonía, y desaparecerán los conflictos que enferman tanto al plano emocional, como al mental, al espiritual y al físico. Este amoroso re-encuentro contigo mismo te llevará a recordar tu misión en la Tierra. Aquel plan que tu alma trazó en otra dimensión de conciencia antes de bajar a este plano. Tú elegiste la familia en la que nacerías, el país y las circunstancias de tu vida. Hiciste las elecciones que te parecieron más adecuadas para que pudiera cumplirse tu plan, tu tarea. ¿Para qué las hiciste? Para poder evolucionar como alma. A veces hay mucho karma que limpiar (acciones pasadas, en vidas anteriores que deseamos redimir). Sin embargo, muchas veces, te desviaste de tu propio camino, el que trazaste para ti mismo. En eso consiste el libre albedrío, es tu libertad de decisión.

Pero recuerda que, si has elegido este libro es porque has hecho una elección, aunque no sea conscientemente, para re-conectarte con tu misión. Conéctate contigo mismo, desde lo más profundo, y descubrirás que el universo habita dentro de ti.

# Bibliografía y lecturas sugeridas

BACH, Edward - "Cúrate a ti mismo" incluido en el libro: "La curación por las flores" - España - EDAF- 1982.

BACH, Edward - "La Terapia Floral - Escritos seleccionados de Edward Bach- Su filosofía, investigaciones, remedios y obra", Buenos Aires - CLUB DE ESTUDIO - 1993.

BURNHAM, Sophy - "El libro de los ángeles", Buenos Aires - PLANETA - 1990.

CABOBIANCO, Flavio - "Vengo del Sol", Buenos Aires - MANRIQUE ZAGO - 1991.

CAFE, Sonia - "Meditando con los ángeles", Buenos Aires - ERREPAR -1993.

COELHO, Paulo - "El Alquimista", Buenos Aires - EDICIONES OBELISCO - 1993.

DANIEL, Alma; WYLLIE, Timothy y RAMER, Andrew - Título en inglés: "Ask your angels" - New York - BALLANTINE BOOKS – 1992, Traducido al español bajo el título: "Descubre a tus ángeles", Buenos Aires - JAVIER VERGARA EDITOR SA - 1993.

DETHLEFSEN, Thorwald y DAHLKE, Rudiger - "La enfermedad como camino - Una interpretación distinta de la medicina", Colombia - PLAZA Y JANES EDITORES - 1989.

GODWIN, Malcom - "Ángeles - Una especie en peligro de extinción", Barcelona - ROBINBOOK - 1990.

HAY, Louise L. - "Usted puede sanar su vida", Argentina - EMECE URANO - 1991.

HUBER, Georges - "Mi ángel marchará delante de ti", España - EDICIONES PALABRA - 1974.

JUNG, Carl - "Sincronicidad", Málaga - EDITORIAL SIRIO, SA. - 1981.

KUBLER - ROSS, Elisabeth - "La muerte: un amanecer", España - LUCIÉRNAGA - 1989.

MACLEAN, Dorothy - "Comunicación con los ángeles y los devas", Buenos Aires - ERREPAR - 1991.

MENDEZ, Conny - "Metafísica 4 en 1", Venezuela - BIENES LACÓNICA -1977,

POWERS, Rhea - "Servidores de la luz", Buenos Aires - ERREPAR - 1991.

SOLARA - "Los Ángeles" - "Los doce pasos para unirte con tu ángel dorado", España - EDICIONES OBELISCO - 1994.

STEINER, Rudolf - "Génesis", Buenos Aires - KIER - 1982.

TRES INICIADOS - "El Kybalión - Estudio sobre la Filosofía Hermética del Antiguo Egipto y Grecia", Buenos Aires - KIER - 1969.

TRIGUEIRINHO - "Caminos para la cura interior", Buenos Aires - KIER - 1989.

TRIGHEIRINHO - "El nuevo comienzo del mundo", Buenos Aires - KIER - 1989.

ZANIAH - "Diccionario esotérico", Buenos Aires - KIER - 1992.

"Evangelio de los Esenios" - Traducción del Dr. Edmond Bordeaux Szekely - España - EDITORIAL SIRIO, SA - 1978.

# Acerca de la autora

Graciela Iriondo nació en Buenos Aires, Argentina. Estudió Magisterio y se recibió de Profesora en Educación Preescolar. Durante más de quince años ejerció la docencia en diferentes escuelas de Buenos Aires. Su último trabajo como maestra lo desempeñó en la Asociación Escuelas Lincoln (La Lucila), enseñando español —como segunda lengua— a niños extranjeros.

A comienzos de los años 90, movida por un impulso interior, renuncia a su trabajo de maestra. Atraviesa por profundos cambios internos que la van llevando hacia otro rumbo. Nuevas situaciones y circunstancias aparecen en su vida. Comienza a explorar los mundos suprafísicos. Estudia metafísica, astrología, técnicas de meditación, psicología gestáltica transpersonal y se especializa en terapias alternativas o complementarias (Reiki, Flores de Bach) y otras diversas disciplinas del territorio del alma.

"El Oráculo de los Ángeles" es su primer libro. Las ilustraciones de las cartas fueron realizadas por Fedhar, artista metafísico que expresa en bellas imágenes, plenas de arte, los estados más elevados del alma.

Graciela Iriondo es creadora del Correo de los Ángeles, un espacio abierto a todos aquellos interesados en los temas espirituales y en la expansión de su conciencia. Ha publicado su segundo libro, "Calendario Cósmico", una visión acerca del cambio de milenio y sus implicancias, acompañado de un tablero circular para consulta oracular.

Actualmente coordina grupos de meditación y reflexión, enseña técnicas de meditación y organiza retiros de fin de semana en lugares energéticos. Está trabajando en otros libros de próxima aparición.

# Índice

PRÓLOGO ........................................................................... 13
    Cómo me encontré con mi ángel ........................................ 16

**PRIMERA PARTE** ............................................................. 19

QUÉ ES UN ORÁCULO ...................................................... 21
    Visitando el Oráculo de Delfos......................................... 22
    El Oráculo de los Ángeles ............................................... 24
EL REINO DE LOS ÁNGELES ............................................ 25
    Las Jerarquías Celestiales ................................................ 25
    Los Elohim ..................................................................... 27
    Luz y tinieblas - Vivimos en un mundo de polaridades ............. 28
    Los Espíritus del Tiempo ................................................. 29
    Los Arcángeles ............................................................... 29
    Los Ángeles .................................................................... 30
    Angelología .................................................................... 32
    La Misión de los Ángeles según su Jerarquía ..................... 35
    Jesús y los Ángeles ......................................................... 37
    El Evangelio de los Esenios ............................................. 43
TODO ESTÁ EN MOVIMIENTO ......................................... 49
    Nuestra conciencia se expande ........................................ 51
    El Perdón ....................................................................... 55
    El Karma ........................................................................ 56
    El Conflicto y el Cuerpo .................................................. 57
    Las Casualidades ............................................................ 59
    Qué es la sincronicidad ................................................... 60
    Los ángeles provocan coincidencias ................................. 63
    Qué pasa cuando dudamos .............................................. 64
    ¿Me quedo solo o huyo de mí? ........................................ 65
LOS ÁNGELES EN NUESTRA VIDA COTIDIANA ............. 71
    Etimología de la palabra "ángel" ..................................... 71
    La tarea de los ángeles .................................................... 71
    El Ángel de la Guarda ..................................................... 72
ENTRANDO EN LOS MUNDOS INVISIBLES....................... 79
    Los cuatro cuerpos .......................................................... 81

Los chakras y el aura ............................................................. 85
Cómo encontrarnos con nuestro Ángel Guardián ...................... 90
Los otros ángeles .................................................................. 91
EL DESAPEGO........................................................................ 93
Liberándonos, liberamos a los demás ..................................... 93
El desapego y la misión personal ........................................... 96
EL SALTO CUÁNTICO DE LA CONCIENCIA ............................. 99
De la Conciencia Individual a la Conciencia Global ................ 99
Cómo encontrarnos con el Ángel de la Guarda de otros ........... 101
La meditación favorece la salud ............................................ 105
ALGUNOS EJERCICIOS DE MEDITACIÓN ............................... 107
Meditación I ....................................................................... 108
Meditación II ...................................................................... 109
Meditación III ..................................................................... 110
Cómo funciona la intuición .................................................. 113
CÓMO FUNCIONA EL ORÁCULO DE LOS ÁNGELES ................ 117
Desarrollando tus capacidades a medida que usas el Oráculo ..... 118
Los Arcángeles del Oráculo .................................................. 119
El ser humano, la Naturaleza y los arcángeles ....................... 120
Rueda de los Arcángeles ....................................................... 123
Ejercicio de Armonización ................................................... 124
Los Ángeles del Oráculo ....................................................... 125
Las Oportunidades .............................................................. 126
LOS TRES MAZOS DE CARTAS ............................................. 127
Cómo usar el Oráculo de los Ángeles .................................... 127

**SEGUNDA PARTE**................................................................. 131

LECTURA DEL ORÁCULO: Interpretando el Oráculo de los Ángeles . 133
LOS ARCÁNGELES ................................................................ 135
Miguel................................................................................ 135
Gabriel ............................................................................... 139
Rafael ................................................................................ 142
Uriel .................................................................................. 145
LOS ÁNGELES ...................................................................... 147
El Ángel de la Guarda .......................................................... 147
El Ángel de las Relaciones .................................................... 148
El Ángel de las Polaridades ................................................... 150
El Ángel de la Transmutación ............................................... 152
El Ángel de los Conocimientos .............................................. 155
El Ángel de los Sueños ......................................................... 156
El Ángel Sanador ................................................................. 157
El Ángel Entonador .............................................................. 160
El Ángel de la Paz................................................................ 163

El Ángel de los Dones ............... 165
El Ángel de los Inventos ............... 166
El Ángel de los Lugares ............... 168
El Ángel de los Proyectos ............... 170
El Argel del Nuevo Orden ............... 173
El Ángel del Paisaje ............... 176
El Ángel Armonizador ............... 178
OPORTUNIDADES PARA ENCONTRARTE CON LOS ÁNGELES ........ 183
Déjate fluir ............... 183
Confía ............... 184
Escribe una carta a tu ángel ............... 184
Conéctate con el silencio ............... 185
Entrega algo ............... 186
Recibe ............... 187
Abre tu corazón ............... 188
Prepárate para un cambio ............... 189
Es momento de soltar ............... 189
Síguete a ti mismo ............... 190
Haz una dieta natural ............... 191
Respira rítmicamente ............... 192
Busca tu propio sonido ............... 193
Busca tu propio color ............... 194
Busca tu propio lugar ............... 196
Reúnete en grupo a meditar ............... 197
Trabaja por la limpieza planetaria ............... 198
Escucha a un Maestro ............... 200
Visita una librería ............... 201
Llama a un viejo amigo ............... 202
Conéctate con el viento ............... 203
Conéctate con el agua ............... 204
Conéctate con el fuego ............... 206
Conéctate con la tierra ............... 208

EPÍLOGO ............... 213

BIBLIOGRAFÍA Y LECTURAS SUGERIDAS ............... 215

ACERCA DE LA AUTORA ............... 217

Este libro se terminó de imprimir en
Mlibros impresiones.
Gral Vedia 280, Sarandí.
Buenos Aires - Argentina.

septiembre 2019